本书获2021年贵州省出版传媒事业发展专项资金资助
本书为国家社科基金重大招标项目“滇黔桂越边区百部珍稀土俗字文献收集译注与研究”（项目编号：21 & ZD308）阶段性成果之一

贵州稀见文书汇编

黔西南布依族文书

鄂启科 / 整理点校

贵州省民族古籍整理办公室 / 编

Guizhou University Press

图书在版编目（CIP）数据

黔西南布依族文书 / 鄂启科整理点校. -- 贵阳 : 贵州大学出版社, 2021.10
（贵州稀见文书汇编）
ISBN 978-7-5691-0496-7

Ⅰ. ①黔… Ⅱ. ①鄂… Ⅲ. ①布依族－契约－文书－汇编－望谟县 Ⅳ. ①D927.734.36

中国版本图书馆 CIP 数据核字（2021）第 217709 号

黔西南布依族文书

整理点校：鄂启科
编　　者：贵州省民族古籍整理办公室

出 版 人：闵　军
选题策划：葛静萍
责任编辑：葛静萍
装帧设计：陈　艺　方国进

出版发行：贵州大学出版社有限责任公司
地址：贵阳市花溪区贵州大学北校区出版大楼
邮编：550025　电话：0851-88291180
印　　刷：深圳市和谐印刷有限公司
开　　本：787 毫米 ×1092 毫米　1/16
印　　张：13.5
字　　数：259 千字
版　　次：2021 年 10 月第 1 版
印　　次：2022 年 04 月第 1 次印刷

书　　号：ISBN 978-7-5691-0496-7
定　　价：128.00 元

《贵州省铸牢中华民族共同体意识古籍整理出版书系》编委会

文书产生地——纳交布依族古寨（罗朝思摄于2021年10月）

《贵州省铸牢中华民族共同体意识古籍整理出版书系》总序

《贵州省铸牢中华民族共同体意识古籍整理出版书系》（以下简称《书系》）是贵州省民族宗教事务委员会按照国家民族事务委员会在十四五期间统筹规划重点出版项目的工作要求，结合贵州省实际，所确定的在十四五期间规划实施的一项重要的古籍整理出版工程。此项工程的实施，对于贵州省铸牢中华民族共同体意识、促进各民族交往交流交融、构建各民族共有精神家园、推进民族团结进步事业，具有重大的现实意义和深远的历史意义。

贵州是多民族聚居的省份，是百濮、百越、苗瑶、氐羌、汉民族五大族系汇聚之地。两千多年前，这里孕育了夜郎文化。从秦汉开始，历代王朝不断开发经营"西南夷"周边各地，各族群从四面八方向地广人稀的贵州山区流动，逐渐在贵州定居，形成了"大分散、小聚居"的分布特点。汉、苗、布依、侗、土家、彝、水、仡佬等18个世居民族在长期的历史发展进程中，不断交往、交流、交融，手足相亲，守望相助，共建家园，创造和积累了丰富多彩的历史文化，留下了卷帙浩繁的文献典籍和丰富多彩的口传古籍。据不完全统计，截止到2021年底，贵州省共搜集到了苗族、布依族、侗族、土家族、彝族、仡佬族、水族、回族等少数民族的古籍资料50000余册，其中包括若干孤本、珍本和善本。另有144部贵州少数民族古籍入选《国家珍贵古籍名录》。这些古籍从不同的角度记录了各民族的社会进程、历史走向和文化内涵，从不同侧面反映了各民族的文明成果、文化传承和气质风貌，是中华文化区域传承的历史记忆，是中华民族智慧与创造力的结晶，是我国多元一体的历史格局真实映射的重要区域例证。近年来，在广大少数民族古籍工作者的共同努力下，贵州少数民族古籍抢救、保护、搜集、整理、研究工作取得了重要进展，具备了打造《书系》的文本基础。

编纂出版《书系》，旨在坚持以习近平新时代中国特色社会主义思想为指导，深入学习贯彻习近平总书记关于加强和改进民族工作的重要思想、关于传承和弘扬中华优秀传统文化的重要论述、关于做好古籍工作的重要指示精神，以铸牢中华民族共同体意识为主线，坚持正确的中华民族历史观，坚持中华文化立场，以社会主义核心价值观为引领，推动各民族文化的保护传承和创新发展，增强各族群众对中华文化的认同，彰显“中华民族一家亲，同心共筑中国梦”的时代风貌，不断夯实铸牢中华民族共同体意识的贵州根基。

编纂出版《书系》，是围绕中华民族共同体基础理论和中华民族史研究，打造重点出版项目，扎实推进贵州省建设铸牢中华民族共同体意识模范省的一项重要举措。2022 年 4 月，中共中央办公厅 国务院办公厅印发的《关于推进新时代古籍工作的意见》中提出“推进古籍文献通代断代集成性整理出版，推动少数民族文字古籍文献整理研究和译介出版。深化古籍整理基础理论研究，总结在长期实践中形成的古籍整理理论和方法，完善我国古籍整理研究和出版范式，构建古籍整理出版理论研究体系”。贵州省民族宗教事务委员会印发的《贵州省少数民族古籍工作“十四五”规划》中强调“提高少数民族古籍图书出版精品意识，围绕铸牢中华民族共同体意识古籍整理出版书系项目，整理出版一批蕴含铸牢中华民族共同体意识思想内涵的古籍精品图书”。根据中央精神和《贵州省少数民族古籍工作“十四五”规划》要求，贵州省民族宗教事务委员会将组织协调全省少数民族古籍工作队伍，重点搜集整理记载我省各民族共同开拓辽阔疆域、共同书写悠久历史、共同创造灿烂文化、共同培育伟大民族精神，体现休戚与共、荣辱与共、生死与共、命运与共的交往交流交融的少数民族古籍资料，以原本影印、翻译校注和阐释研究等形式整理编纂出版《书系》30 卷本，形成贵州省建设铸牢中华民族共同体意识模范省古籍史料体系。

“十四五”期间，贵州省民族宗教事务委员会将加强与各出版社、高校及科研院所合作，共同推进《书系》精品图书出版工作，把贵州的民族古籍瑰宝保护好、传承好、发展好，为赓续中华文脉、弘扬民族精神、增强国家文化软实力、建设社会主义现代化强国、实现中华民族伟大复兴做出应有的贡献。

贵州省民族宗教事务委员会

序　言

汪文学

贵州是一个多民族省份，在这里，居住着汉族、苗族、布依族、侗族、彝族、水族、仡佬族等18个世居民族，其文化源远流长、多姿多彩。搜集、整理和研究地域民族文献，对传承和保护民族文化，研究地域文化精神，具有重要的历史意义和当代价值。因此，十余年来，贵州地域文化和民族文化是我的一个重要学术研究阵地，对地域文献和民族文献的搜集、整理和研究，是我关注的一个学术重点，我也先后做过契约文书、日记文献、民国档案、布依摩经等文献的整理和研究工作。

鄂启科是我的学生，他毕业于贵州民族学院（现为贵州民族大学）2001级汉语言文学专业，是地地道道的布依族子弟。近年来，他利用业余时间搜集整理布依族古歌、摩经等民族典籍文献，并取得一定成绩。现在，他又整理点校了这本《黔西南布依族文书》。应该说，启科的这些工作，十分契合我近年来的学术取向。在这本书即将出版之际，我很乐意为他作序，一是由于我所从事的工作，有年轻人跟着做，这是让人欢喜的事情；二是我的学生有这样好的研究成果问世，这是让人高兴的事情。

我在《道真契约文书汇编》中曾经说过：贵州区域社会史研究，应该建筑在解读贵州地域性资料和阐释贵州地方性知识之基础上。我以为：贵州地域人文传统的欠缺和单薄，乃至出现“千年断层”现象；贵州文化长期处于被忽略、被轻视和被描写的地位，主要是因为长期以来贵州地域文献资料没有能够得到有效的搜集、整理和传承。因为缺乏足够的文献资料，所以不能建构起自我的人文传统和塑造出自我的文化形象，缺乏“我者”的自我“描写”，亦就必然陷入“他者”的“描写”之中。从这个角度看，启科整理点校的《黔西南布依族文书》，其意义和价值当然不言而喻。据我了解，目前为止，学者研究布依族文化，对布依摩经有较多的关注，整理出版的著作已不在少数，我自己也在主编和出版“中国西南布依抄本文献丛刊”。而对于布依族契约文书，则是首次耳闻。启科从民间搜集到这批布依族契约文书，编著成《黔西南布依族文书》出版，将是一项填补贵州少数民族文献资料整理和研究空白的成果。

布依族契约文书，是特定历史时期布依族乡村社会经济关系行为的一种文化记录，是研究布依族乡村社会最真实的第一手资料，也是布依族民间古籍文献资料之一。《黔西南布依族文书》在文书数量上不算多，仅仅80余份。但是，文书的内容相当丰富，有买卖契约、典当契约、分析契约、身份契约、嗣续契约等类别，而且归户性清晰，具有鲜明的地域特色和民族特色，有重要的史料价值和学术价值。

首先，它体现了多民族交流交往交融的历史事实。其中一部分契约文书，是布依族群众与汉族群众之间的田土交易，印证了布依族、汉族在日常田地耕种、贸易往来的交流交往交融，也是民族文化之间交流、借鉴、融合的重要体现。

其次，它体现了民族文化交流的历史自觉。这些契约文书，除极少数是汉族人代笔外，大部分是布依族本寨人执笔。从这些布依族人执笔撰写的契约文书的书法、文法看，他们的汉文化底蕴相当深厚，反映了汉文化对布依族人影响程度之深；同时，也体现了布依族人对汉语言文字的学习和借鉴。

最后，它体现了布依族诚实守信的优良传统。诚实守信是中华民族的传统美德，是构建当代中华民族精神的重要内容。本书的这些契约文书蕴涵着布依族人民坚守信用、平等处事的观念，实际上体现出中华民族多元一体的共识。

这本书的一大亮点，是启科对文书中的地名、人名，用布依语一一加以注释，让学者可以更加全面地了解布依族的民族文化，使得本书有别于其他文书的整理。当然，由于启科并非从事文献整理的专业学者，只是利用业余时间，基于个人的兴趣爱好整理出来的这本契约文书。虽然书中亮点很多，但需要改进的地方亦有不少。但是，瑕不掩瑜，单就他提供的这批罕见的文献资料，以及比较精准的点校和注释而言，已是极大的功劳。我相信，这本书对推动贵州地域文化和民族文化的研究，具有很高的史料价值和学术价值。

我在《贵州古近代文学理论辑释》中说过："关注本土文化，搜集、整理和传承乡邦文献，追寻和探讨黔中先民在这块土地上的曲折经历和心路历程，是一项义务，亦是一种责任，更是一位真正的学者必须具备的一种学术姿态。"我把这段话引录于此，与启科共勉。

是以为序。

前　言

民间文书尤其是契约文书作为历史上人们订立的权利与义务关系的协议或合同，[①] 尽管在基本格式和内容上大同小异，但作为一种社会规范，对于不同的民族、不同的社会群体，有不同的文化意义。从这个角度上说，每一个民族的契约文书，都应该可以解读出该民族独特的风俗、经济、法律、文化、历史等信息。同理可证，通过布依族契约文书，我们可以考察布依族在各个历史时期的政治经济特色。布依族民间契约文书的调查、整理和研究，一直缺少专门的文献资料。有鉴于此，笔者在自己珍藏多年的 42 份文书 [②] 的基础上，对望谟县布依族民间文书进行调查搜集，一共搜集了 84 份，汇编成册，并予以校注，力图为布依族民族文化的研究提供新的文献资料。

一

本书编校的契约文书最早为清道光十五年（1835），最晚为 1955 年，时间跨度 110 年。（不含无法确定年代的 6 份契约文书）

从内容上看，这些文书可分为以下六类。

一类是买卖契约。这类契约文书主要有买卖契约、纳税凭证、土地执照等，集中为土地买卖、宅基地买卖、园圃买卖、水碾买卖等契约。据统计，本书含土地买卖契约 31 份（不含土地执照、税赋凭证），占比 36%，其中清代 11 份，占买卖契约数的 35%；民国 20 份，占买卖契约数的 65%。这说明清代及民国时期，贵州望谟乡村中的土地买卖现象较为普遍，尤其是民国时期，土地交易更加频繁。造成这一现象的原因，笔者认为，一是清代及民国时期农村土地流转制度的宽松政策。在清代，除军事物品、皇家“御用”物品、有伤社会风化的“黄赌毒”物

① 刘洋：《近三十年清代契约文书的刊布与研究综述》，《中国史研究动态》2012 年第 4 期。

② 这 42 份文书中，有 36 份是民国时期红水河畔、毗邻罗甸的广西壮族自治区的天峨县纳明村的契约。20 世纪 60 年代，笔者的外祖父病故，外祖母将之携回娘家望谟县新屯街道弄林村，后来，外祖母改嫁到望谟县新屯街道纳交寨，几经辗转，这部分契约由笔者收藏。

品禁止买卖外，“各省业主之田，出资财而认买”[①]，只要及时进行税粮的过割程序，有官府的收户执照即可。[②]而在民国时期，根据《中华民国民法》第345条规定：“当事人就标的物及其价金互相同意时，买卖契约即为成立。”又第758条：“不动产物权，依法律行为而取得设定、丧失及变更者，非经登记，不生效力。”第760条规定：“不动产物权之移转或设定，应以书面为之。”[③]由此，我们可以认为，只要双方同意，立下书面契约，并到官府登记，即可以对田宅等不动产进行买卖。二是社会生产力的发展，使部分家庭殷实富足，有购买能力。三是天灾人祸导致少部分家庭陷入贫困无奈之境，从这些契约反复出现的“无银还账”“无钱用度”“无奈”“只得”等词语，我们就可以发现，卖土卖田多属无奈之举。

二类是典当契约。“典当”是中国古代社会中和田宅等不动产交易有着密切关系的一种交易形式。[④]本书中，典当契约共有34份，占比36%。

三类是婚姻契约。“所谓婚姻契约者，即其契约可发生婚姻之关系是也。古代婚姻，一依周礼，先以之问名，终之以合卺，无所谓契约也。然来往必须柬帖。……一方要约，一方承诺，而后契约完全成立。是虽无契约之名，亦即有契约之实。”[⑤]在布依族的传统婚俗中，没有求帖和允帖的程序，但是在婚姻程序中，有“合八字”[⑥]的环节，即将男女双方生辰八字合写在一张红纸上，这张写有双方生辰八字的红纸，就是“鸾书”。鸾书一般都是用红纸书写，表示喜庆，中间三字为“乾造坤”，乾在右，坤在左，右、左两边分别是男、女方的生辰八字，排列整齐，对折之后，作骑缝状，然后写上“乾坤定矣”四字，有的写上“天作之合”等吉祥用语，表明夫妻关系已经确立了。还有一种婚姻契约，就是丧偶再婚之时，需要以契约文书的形式明确双方的权利义务关系，如《罗黄氏再醮契约》。这份契约既有婚姻缔约，又借婚姻缔约之机，就前夫遗留的债务问题清账。

四类是身份契约。费孝通先生说：“我们的格局不是一捆一捆扎清楚的柴，

---

① 《清高宗纯皇帝实录》卷一七五，中华书局，1985年影印本，第311页。

② 《大清律例》，田涛、郑秦点校，法律出版社，1999，第189页。

③ 李倩：《民国时期契约制度研究》，北京大学出版社，2005，第68页。

④ 刘高勇：《清代买卖契约研究——基于法制史角度的解读》，中国社会科学出版社，2016，第222页。

⑤ 吴乃雄：《契约程式》，上海时还书局，1936，第123页。

⑥ “合八字”是布依族缔结婚姻的步骤之一。所谓“合八字”，就是由男方至亲和两位男性媒人，领十多个年轻人，带一定数量的酒、肉（或大活猪）、红糖、大红公鸡、布料、糍粑、糕点，及笔、墨各两具，棉花条两根，干鱼两尾，红烛两对，鞭炮、鸾书、彩礼金等物至女方家。女方家用鸡和猪头祭祀祖宗，请有声望、有文化的先生在鸾书上写男女二人的生辰八字。写好后，指定两个亲信青年，打着伞连同女方家送给男方家的青土布、土垫单、布鞋、鞋垫等礼物，放着鞭炮，送到男方家。上午，女方家宴请宾客，并将男方家送的红糖和糍粑等分给姨妈、姐妹等，表示合了“八字”。下午，男方家用猪头祭祖，宴请宾客，称迎接“八字”。

而是好像把一块石头丢在水面上所发生的一圈圈推出去的波纹。每个人都是他社会影响所推出去的圈子的中心。”① 那么“人与人之间的关系由他们在这个网中所处的各自的位置来决定，每个人的位置取决于他的身份，因此身份是乡土社会中人们关系的决定因素”②。于是，拥有某种身份，即可获得某种权利、负有某种义务。身份契约就是乡土社会身份制度下的产物。身份契约包括招赘、废赘、收妾、纳妾文书及解除夫妻关系书等，本书收录的《韦联兴进赘鄂公问契约》，即为身份契约。

五类是分析契约。在分析契约文书中，分关契约应该最具代表性。分关就是分家析产，在田野调查中，《陈正明分关契约》较为全面、具体。这份分关契约，明确所有产业均分，其形式是拈阄，以杜猜疑，并要求分家以后，四位儿子要克勤克俭、自立自强，弟兄妯娌，首尾相顾。由此可以看出，这不仅仅是田产的分配问题，还包含家风家教的内容。

六类是嗣续契约。传统乡村社会，把有无子嗣看成人生的头等大事，这不仅关乎个人的养老送终、后顾之忧等问题，甚至还牵动着整个家族的承嗣宗支，特别是受中国传统“不孝有三，无后为大”思想的影响，乡村社会的抱养、过继现象常见，成为解决无子嗣问题的最佳途径，也是人生救济的一种无奈之举。尽管送养和抱养，均为两相情愿，但是为避免日后产生纠葛，便须以契约的形式立下字据，予以明确，如《池老三承养契约》。本书中，还有一种抱养契约，即叔侄之间有抱养关系而订立的契约，如《罗吉安分关抱养契约》，从内容上看，属因抱养而明确日后分关析产的契约。

二

综上所述，我们发现望谟布依族契约文书具有独特的民族特征和文化内涵。具体表现在三个方面。

一是民族性凸显。从上文所举契约中，用于买卖、典当或兄弟分关田地的地名均为布依话音译汉，如《骆阿庚当熟土契》中所典当的熟地名“章弄”，这是布依话“jaangh ndongl[tɕaːŋ^{33} ʔoŋ^{24}]”（“树林中间”的意思），再如《陈正明分关契约》中提到的“更然田”，“更然”音译布依话“genz raanz[kɯn^{11} zaːn^{11}]”（“房子上面”的意思）。还有的契约文书人名如“骆卜口”“罗甫要”等，这里的“卜”或

① 费孝通：《乡土中国　生育制度》，北京大学出版社，1998，第 26 页。

② 李倩：《民国时期契约制度研究》，北京大学出版社，2005，第 44 页。

"甫"是布依话"boh[po^{33}]"("父亲"的意思),后面的"口""要"则是长男或长女的名字,因为父辈没有读书进学,没有学名,只好以儿子的奶名称呼,意为"骆姓口儿的父亲""罗姓要儿的父亲"。有的文书中,当遇到没有姓名的中证人、当事人时,常常以"△(姓)卜△(子女奶名)""△(姓)乜△(子女奶名)"(乜,布依话"meeh[me^{33}]",母亲的意思)的形式出现。以汉字音记布依语地名、人名的特点,几乎在每份文书中均可见到,这体现了布依族特有的民族文化。

二是归户性清晰。归户性是民间契约文书整理的一个原则和方法,已经得到学界的认同和采用。刘伯山认为,归户性就是"一般意义上说的归属性,归户的文书亦即是属于谁的或由谁拥有并作为档案保存的文书。这类文书,其每一份都应是与归属性的主体之间存在某种密切联系,有着一定内在关系的,其得以保存也正是在于它于归属户来说具有一定的价值和意义,由之才构成'家庭档案'"①。从本书收录的文书来看,其归户性脉络清晰,27 份为纳交寨罗开展家藏,42 份为笔者本人收藏(其中 36 份是笔者外祖母罗氏流转保存,6 份是笔者祖父流转保存),14 份为油腊寨陈波家藏,2 份为纳交寨鄂建庭家藏,文书的当事人(当事人后辈)或持有人都很明确,在存传上具有很强的连续性。

三是文化融合性突出。本书中,除一份婚姻契约文书外,可以确定书写者为布依族人的有 23 份,从这些代笔人的书法、文理来看,他们的汉文化底蕴深厚,应该是从小就进入私塾读书学习。比如道光二十五年(1845)纳交寨鄂汝淮所写当熟土契、民国三十年(1941)王周穆所写鄂公问进赘契、1952 年杨吉轩所写陈正明分关契,仅就书法角度而言,其小楷笔力深厚,至今依然可以称得上是一幅好的书法作品,更何况是急就书写,提笔成文。这一方面反映了汉文化对布依族影响程度较深,另一方面,反映了布依族对汉语言文字学习、借鉴的高度自觉。再者,传统布依族用汉族的契约文书来约定当事人双方的权利义务以及婚姻契约中鸾书的生辰八字,本身就是民族文化之间交流、借鉴、融合的重要体现。

三

本书涵盖了布依族的经济、文化、风俗、语言等多方面内容,对于拓宽当下布依族历史、文化、思想的研究范围、研究方法、研究视野都具有重要的文献价

---

① 刘伯山主编《徽州文书·第一辑》,载刘伯山主编《徽州文书》,广西师范大学出版社,2005,第 3 页。

值。契约文书具有“百科全书”的性质和意义。[①]汪文学先生曾说：“学术研究要在前辈学者研究之基础上有所突破和创新，大体有两个渠道：一是新材料的发现；二是新方法、新视角的运用和选择。”[②]由此观之，布依族契约文书作为文献典籍和一种新资料的运用，对布依族乃至贵州少数民族社会、经济、文化等均具有重要的研究价值。

一是具有历史学的研究价值。葛兆光先生在《思想史研究课堂讲录》中说过：“过去的历史研究者在资料上习惯于用普通的传世文献，他们固然很重要，但那主要是精英和经典，是传统的思想史和文化史的做法。可是，现在研究领域扩大了，你就需要关注其他资料，因为这些‘其他资料’在研究中现在用得还不太多，尤其我们研究文学史、思想史、哲学史的人。比如考古中发现的各种简帛，田野调查中关于各种信仰仪式习俗的资料，边缘文献比如历书、类书、蒙书，甚至包括目录书、诗歌戏曲、工艺技术、天文地理，特别是图像资料。”[③]葛兆光先生在这里提出的是思想史研究领域“什么可以成为思想史的资料”问题，所关注的是“民间思想史”。那么，作为布依族历史的民间文献资料，是否也可拓宽思路，加以关注？笔者认为，当下研究布依族历史，应该不能忽略布依族契约文书，它作为布依族的一种民间的历史记忆，作为布依族民间社会的私家档案和一种法律文书，不仅反映了布依族的民族思想、民族习惯、民族性格、民族心理，更是直接反映了布依族特定历史时期的政治、经济、法律、制度、文化，是研究布依族乡村社会运作的珍贵史料。尽管目前发现的文书数量不多，且散落民间，尚不成体系，但从某种程度上说，实可以弥补官方正史之不足。

二是具有法学的研究价值。布依族契约文书是布依族乡村社会的人们基于各自的利益要求达成的一种协议，是法律上的私法行为。从搜集整理的84份契约文书可以知道，这些契约文书，尤其是土地买卖（包括典当契约）均规定买卖双方的权利、义务，并且得到了家族的认可，同时请中间人作证。土地交易需要的款额，卖主“亲手领用”，日后即使“有石崇之富”，也不能赎回，要求双方均信守承诺。在田野调查中，笔者没有听说过因为一方不守承诺而产生纠纷的案例，也没有听说过当事人有随意践踏契约意志的行为。这说明，布依族乡民“法”的观念意识是非常强的。笔者的外祖母之所以在动乱的年代，在外祖父逝世后，颠沛流离于广西天峨县，贵州罗甸县、望谟县，几经辗转，寄人篱下，改嫁再醮，都

① 罗正副：《岂是文献不足征？——贵州民族文献综论》，《光明日报》2014年12月29日，第11版。

② 汪文学：《贵州古近代文学理论辑释》，民族出版社，2009，第12页。

③ 葛兆光：《思想史研究课堂讲录——视野、角度与方法》，生活·读书·新知三联书店，2005，第18页。

没有忘记随身带上几十份契约文书，是因为在她的观念中，始终认为这些契约可以让她的子女找回原先属于自己的产业，她认同这一纸契约的“法律效用”。再比如，布依族的鸾书，与其说是一种婚俗，还不如说它是一种婚姻的契约，类似于当今社会的结婚证。如此等等均可以从民族习惯法的角度去探讨研究。白纸黑字，缔结的是一种契约精神、一种法的意识。正因为这样的契约精神、守信精神的存在（即使没有签字画押），并与其他布依族传统文化一起，共同维系着布依族乡村社会的和谐稳定。甚至可以这样认为，布依族契约文书是布依族乡村社会实现良性运行和协调发展的重要因素之一，是指导、约束布依族乡村社会人与人之间关系的行为规范。由此推之，从民族习惯法的角度去研究布依族契约文书，其研究价值自然不言而喻。

三是具有社会学的研究价值。布依族契约文书是特定历史时期，布依族乡村社会中，人们关系行为的一种文化符号，是记载布依族乡村社会最真实的第一手资料，具有社会学研究的价值。比如，通过研究契约文书中的土地买卖，可以考察该地区土地流转的过程及流转去向，进而发现布依族对土地的重视程度，同时也可以看到家族的父兄对土地买卖（典当）所持的态度和所起的作用。对分关契约文书的研究，可以考察一个家庭的兄弟之间如何处理父辈积下的产业。从婚姻契约文书中，可以考察布依族男女双方婚恋观以及再婚改嫁时如何处理前夫、前妻的财产，如何赡养老人等系列问题。

四是具有语言学研究的价值。文化中最原始的和最重要的象征符号首推语言。从社会学角度而言，语言作为一种象征符号，其研究的意义和价值历来为人所重视，正如贵州大学罗正副教授所说：“语言在学术研究和文化呈现中的重要作用、地位和影响，已为学界熟知，不仅是‘入手’的工具，更是文化本身的构成，甚至掌握语言成为一些学科的基本要求和立论之本。”[①] 布依族是中国第 18 个有文字的民族，其语言、文字具有鲜明的民族独特性。如前所述，布依族契约文书中，地名和一些人名用的是汉译布依语音，这是布依族契约文书不同于其他民族的契约文书的重要体现之一。如对契约文书中同一村寨（地点）不同时期的名称进行列表统计，并实地调查研究，是否会发现这种名称变迁现象的背后隐含的某种文化意义呢？以此类推，遍查布依族所有的契约文书，会不会发现语言变迁背后的社会经济、文化、风俗等方面的演变轨辙，进而为当今研究布依族社会语言学提供某种方向和角度呢？比如，在道光二十五年（1845）的《骆阿庚当熟土契》中，买主寨名为“那救”，民国十四年（1925）的《骆公见阿汉永远断卖屋基契》又名

① 罗正副：《岂是文献不足征？——贵州民族文献综论》，《光明日报》2014 年 12 月 29 日，第 11 版。

为“那交”，1955 年的《黄春兰绝卖水碾契》又名“纳交”，从“那救”“那交”到“纳交”，不同历史时期村寨汉名的变化（布依族名称从未变过），虽一字之差，但如果从语言内因和社会外因深入分析研究，会不会考察出这个村寨人们在不同历史时期民族心理、文化传统的某种变化？“那”“纳”由布依话音译而来，布依话叫“naz[$\mathrm{n}\alpha^{11}$]”，是“田”的意思，充分体现了布依族浓厚的稻作文化气息。“救”与“交”，同样均为布依话“jaus[$\mathrm{t\c{c}}\alpha\mathrm{u}^{35}$]”音译而来，但汉译的“救”“交”两字的意思明显不同，“救”更接近布依话“jaus”的意思。至于为何从“那救”演变为“纳交”，尚需进一步考证。这里只是提出从语言学的角度，我们可以发现契约文书的很多语料值得深入研究。同时，这些丰富的语料也为民俗文化学、历史地理学、地名学的研究提供研究材料。

总而言之，布依族契约文书由于所涵盖的内容丰富、信息量巨大，其研究价值应该不止上述四种，而是多方面的，比如从人类学、民族学等角度进行研究，也可以进行多学科综合研究。从研究方法上，可以交叉研究、比较研究，而不同的研究路径自然会得出不同的结论。所以说布依族契约文书的研究价值并非唯一的，而是无限的，甚至可以做出更多的新学问。（参见鄂启科《贵州望谟布依族契约文书初探》，《兴义民族师范学院学报》2019 年 4 期。有删改。）

目　录

凡　例

一、本书收录的文书原件分别由望谟县新屯街道办事处柯杉村纳交寨罗开展、鄂建庭、鄂启科，油腊寨陈波四户人家收藏，扫描件为编者保存。

二、文书原件为竖排繁体字，整理录文时采用横排简体字，并进行点校。

三、文书题名形式为“立契人+事由+文书类型”，后面括注文书立契时间，如“骆阿庚当熟土契（道光二十五年三月二十四日）”。立契人为多人时，题名最多录前三人姓名，多出的人名以“等”字省略。

四、文书中的某些人名、地名，有时在不同文书中使用不同的同音字，录文时遵从原文，不作辨别。对文书中汉字记音的布依语人名、地名，以现行布依文进行注释，并在其后标注国际音标，以利交流。

五、整理录文采用原文照录方式，原文中的错别字，以（）标出正字，异体字、俗字等直接录以正字。

六、文书本身的缺字，漫漶及字迹不清、难以辨识处，以“□”表示；若不能确定缺字数量，以……表示，必要时以脚注说明。

七、凡缺字一般不补，但若根据上下文义或相关文书可以确认为缺某字时则补，补字以“[]”标出。衍字则径删。

八、全文录文数字有用汉字小写“一、二、三……”或汉字大写“壹、贰、叁……”表示的，只要不影响原文的意思，则遵从原文，不做修改。

纳交寨罗开展家藏文书

01.骆阿庚当熟土契（道光二十五年三月十四日）

立当熟土文契人那救寨骆阿庚，今因无银还账，不奈只得父子商议，将自己祖遗之土，坐落地名唤章弄[1]坟偏两幅、路坎上一幅，一共有三幅，请凭出当与田坎上寨王金榜名下，即日当凭授过价九八色纹银贰两零五钱整。当中庚亲手领明，并无尾欠分毫。……随从钱主耕种，土内有三根林木，任随钱主砍伐，不敢异言，倘有日后庚有力将到土归赎，树木归王口，二比不敢翻悔异言。今恐口无凭，所以当中立字为据。

凭中人　岑用押　骆卜口[2]押

依口代笔人　鄂汝淮

道光二十五年三月十四日　立字

【注释】

[1] 章弄，jaangh ndongl[tɕɑːŋ^{33} ʔdoŋ^{24}]，地名。这里为布依语音译而来。

[2] 骆卜口，“卜”，boh[po^{33}]，父亲的意思；“口”，小孩的奶名叫“口”。骆卜口，就是“骆姓口的父亲”。由于其没有读书进学，有姓，但没有学名，所以用儿女奶名来称呼。在布依族地区，男人们娶妻生子后，老人们一般不直呼其名，而是用小孩名来称呼，称为“卜某某”（boh △△）。如笔者小孩名为“腾骁”，回到农村老家，老人们或兄长们都称为“卜腾骁”（boh tengq xiaoy[po^{33} thwŋ^{24} ɕiɑo^{33}]），意为小孩腾骁的父亲。

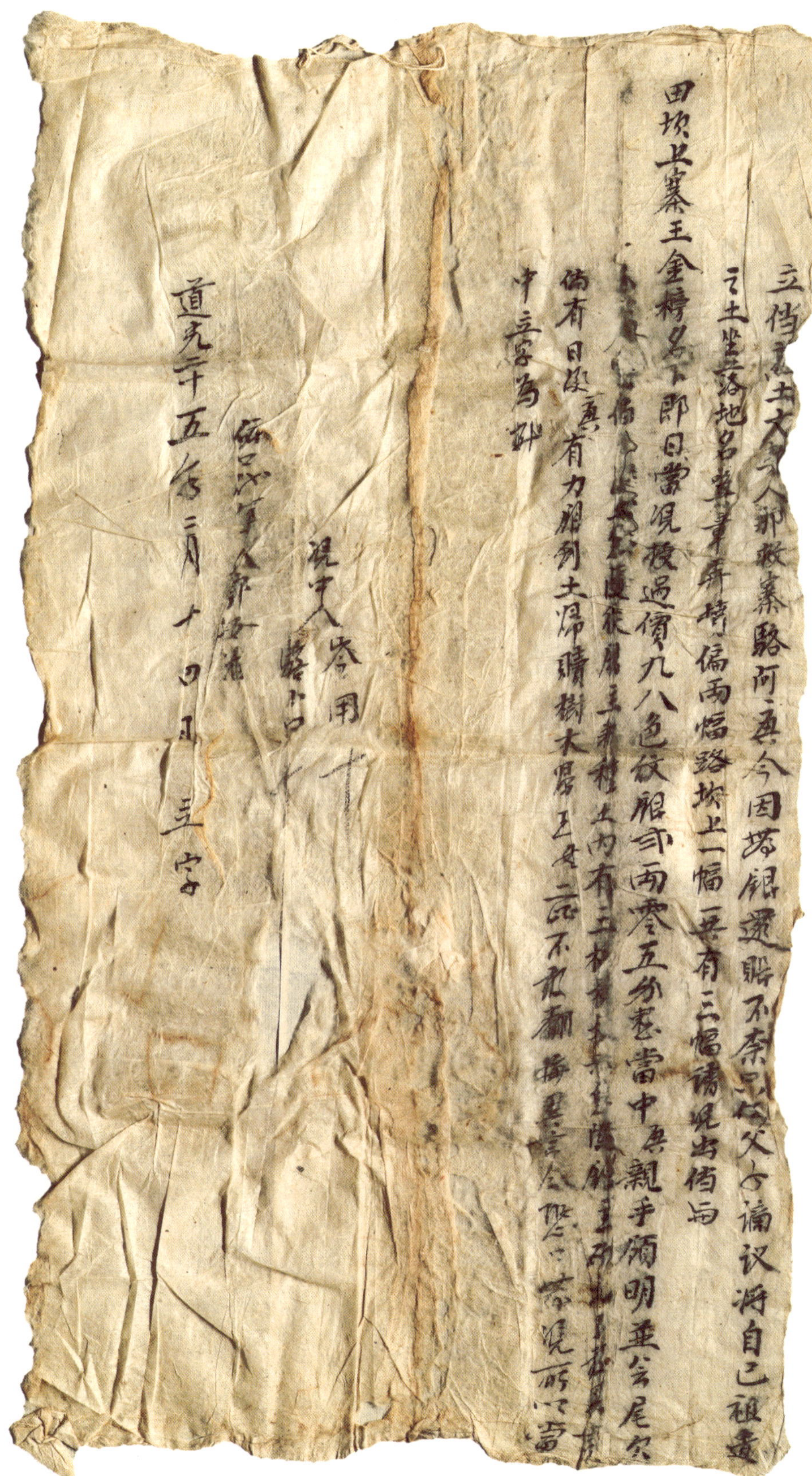
立当田土文字人耶敖寨路河□□，今因缺银还账，不奈父子商议，将自己祖遗
之土，坐落地名□弄坪偏两幅，路坎上一幅，共有三幅，请凭中问
到王寨王金榜名下，即日当凭授过价九八色纹银贰两零五分，凭当中亲手领明，并无尾欠。
[illegible]
倘有日后□有力赎转，土归□，赎树木归王姓二家，不敢翻悔异言。今恐口说无凭，所以当
中立字为据。
凭中人 李周 十
路小□
依口代笔人耶路清
道光二十五年三月十四日 立字

02. 罗卜宰永送园圃屋基契（同治六年三月十二日）

立永送字园圃屋基文契人林捌寨[1]罗卜宰[2]，为因有事在身，无银结息，只得托保商议，就将父祖留之私业，座（坐）落于坝夯[3]门外园圃屋基，内有柱子三根在内，上祗（抵）罗姓，下祗（抵）陆姓，左右祗（抵）墙，请中脚踏手指，四界分明，系凭永送与那救寨[4]骆卜荣[5]名下，即日授过永送价净玖捌纹银，连柱子树银三两〇贰钱整。其余亲接银，结息应用，并无尾欠厘毫。自永送之后，任随银主世代子孙永远为业，及红土沙土寸草不遗，一并在内，卖主不得返（反）悔异言，自此高山滚石，永不回头。今恐人心不古，立出永送乙纸为据存照。押

硬保凭中过付　陆卜须[6]押　罗卜罪[7]押　受钱一斤
代笔　岑玉美押
同治六年三月十二日　立出永送罗卜宰押

【注释】

[1] 林捌，linx byaz[lin³¹ pjɑ¹¹]，寨名，如今已无人居住，原居住在此处的村民，大部分已搬迁回到老寨纳交（naz jaaus[nɑ¹¹ tɕɑːu³⁵]），有的搬迁去其他地方。现在，此处属纳交寨，房屋遗迹至今仍保留。

[2] 卜宰，boh jaic[po³³ tɕɑi⁵³]，罗姓小孩宰的父亲。

[3] 坝夯，bas nyangx[pɑ³⁵ ȵɑŋ³¹]，地名。

[4] 那救，naz jaus[nɑ¹¹ tɕɑu³⁵]，寨名，如今的望谟县新屯街道办柯杉村纳交寨。至于为什么从此处文书中的“那救”演变为今天的“纳交”，实际上只是汉字不同而已，布依语音仍然是“naz jaus”，“jaus”，就是“救”的意思，和汉语的“交”没有关系。

[5] 卜荣，boh yongx[po³³ joŋ³¹]，小孩荣的父亲。

[6] 卜须，boh xiuh[po³³ ɕiu³³]，小孩须的父亲。

[7] 卜罪，boh zuil[po³³ zui²⁴]，小孩罪的父亲。

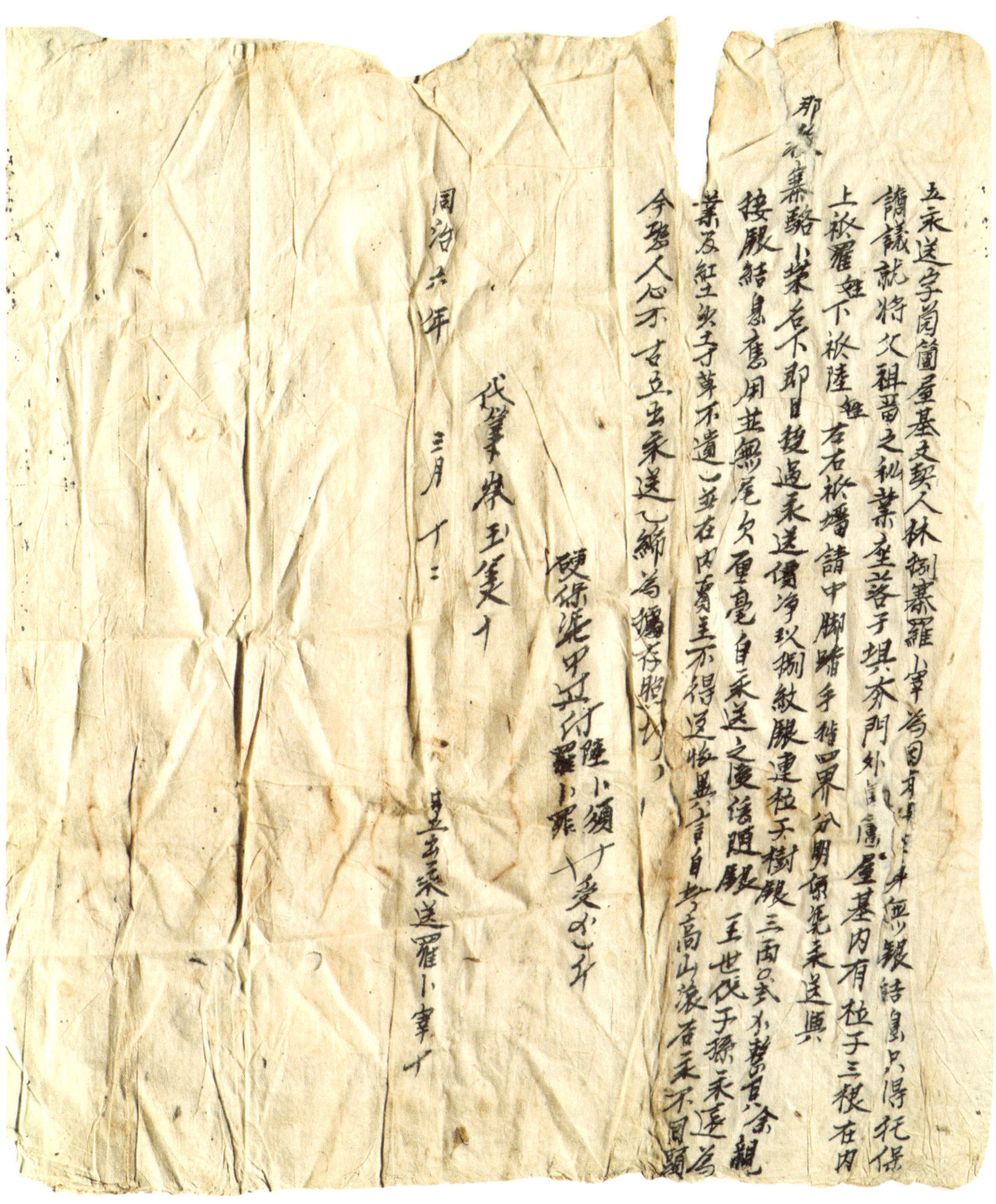
立永送字蔸箇屋基文契人林捌寨羅小宰為因有[illegible]無銀結息只得托保
請議就將父祖留之私業坐落于填夯門外[illegible]處屋基內有杉子三根在內
上祇翟姓下祇陸姓左右祇塘請中脚踏手指四界分明係憑永送與
那紀衣寨駱小業名下即日投過永送價淨玖捌紋銀連杉子樹銀三兩〇弍分整其銀親
接銀結息應用並無尾欠厘毫自永送之後任隨銀主世代子孫永遠為
業及紅土與子弟不遺一並在內賣主不得返悔異言自此高山滾石永不回頭
今恐人心不古立出永送一紙為據存照（）

硬保兼中並付 陸小須十 羅小耶十 受〇三分

代筆 朱玉美十

同治六年 三月 十二 日立出永送羅小宰十

03.罗卜宰断卖私业契（同治二年十一月十二日）

立出断卖私业文契人林捌寨罗卜宰，为因家下贫寒，无处出办，只得请凭商酌，先谨（尽）问房族，无人承领，就将老业坟山屋基荒山幅（熟）土叁愧（块），情愿请凭族中，脚踏手指，四界踩堪（勘），系凭央求上门，出卖断与那救寨骆卜荣处下管业，即日当中授过断价净玖捌纹银四两零五钱正。其余亲手接银还债，并无准拆（折）。自断卖之后，及红土沙土，寸草不遗，乙并在内，随银主世代子孙永远管业，自行投税过割，兹以（已）在未在，倘有外人争言，卜宰一力承担，自此高山滚石，永不回头。今欲有凭，立出断卖坟山乙纸为据。押

硬保人族中　骆万成　罗二押　受化（画）字银三钱
凭中过付　王卜令[1]龙押　受钱三百文
代笔　李文开书
同治二年冬月十二日　立出断卖坟山卜宰押

【注释】

[1] 卜令龙，boh linl longx[po^{33} lin^{24} loŋ^{31}]。

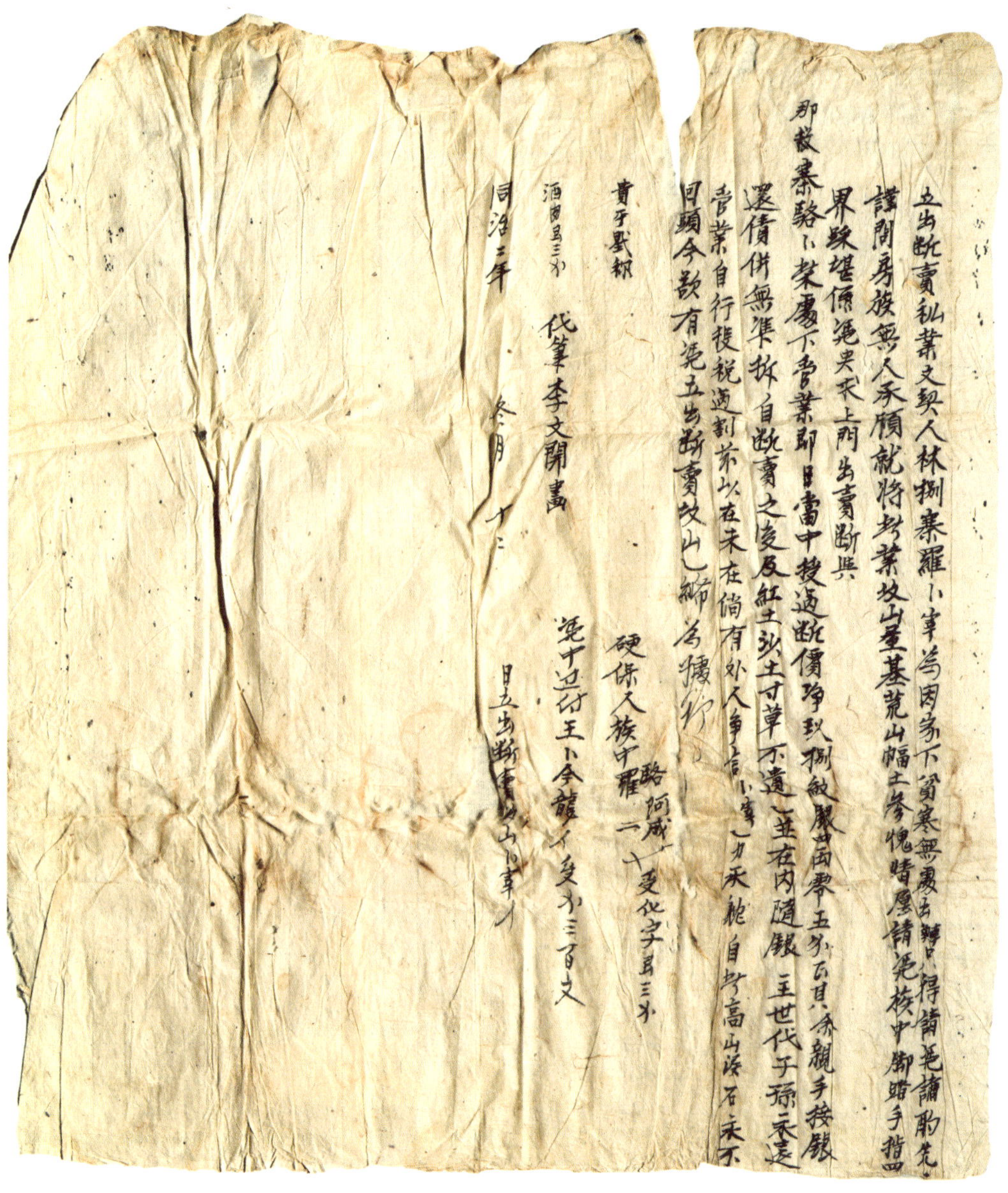

04.骆阿苗断卖山土契（光绪二十九年十月初二日）

立出断卖熟土文契人那交寨骆阿么[1]

立出断卖山土阴阳二宅文契人那救寨骆阿苗，为因无银，不奈何只得房族人商议将祖父业遗留下之私土，坐落地名唤音弄[2]土乙幅，上齐祥[3]，下齐路，左齐祥，右齐祥，四处分明，青干（心甘）情愿，房族人上门出断卖与同寨骆阿么名下授过卖价九捌文（纹）银乙两整。当凭骆苗亲手领明应用，并无下欠分厘。自卖之后，恁（任）从银主上庄耕种，世代子孙永远管业，寸草不留，犹如高山滚石，永远不回头，不敢反悔异言。若后有房族人言讲，骆阿苗乙力承耽（担）。恐口无凭，立卖字为据。

当凭中人　鄂老三
当凭房族人　骆卜且[4]
代笔人　骆廷松
光绪廿九年十月初二日　立卖字

【注释】

[1] 重复原因不详，录文仍保留以备查考。

[2] 音弄，heengz ndongl[zi^{33} xeːŋ^{11} ʔdoŋ^{24}]，地名，意为树林边土。

[3] 祥，应为“墙”，下同。

[4] 卜且，boh jeec[po^{33} tɕe^{53}]，人名。

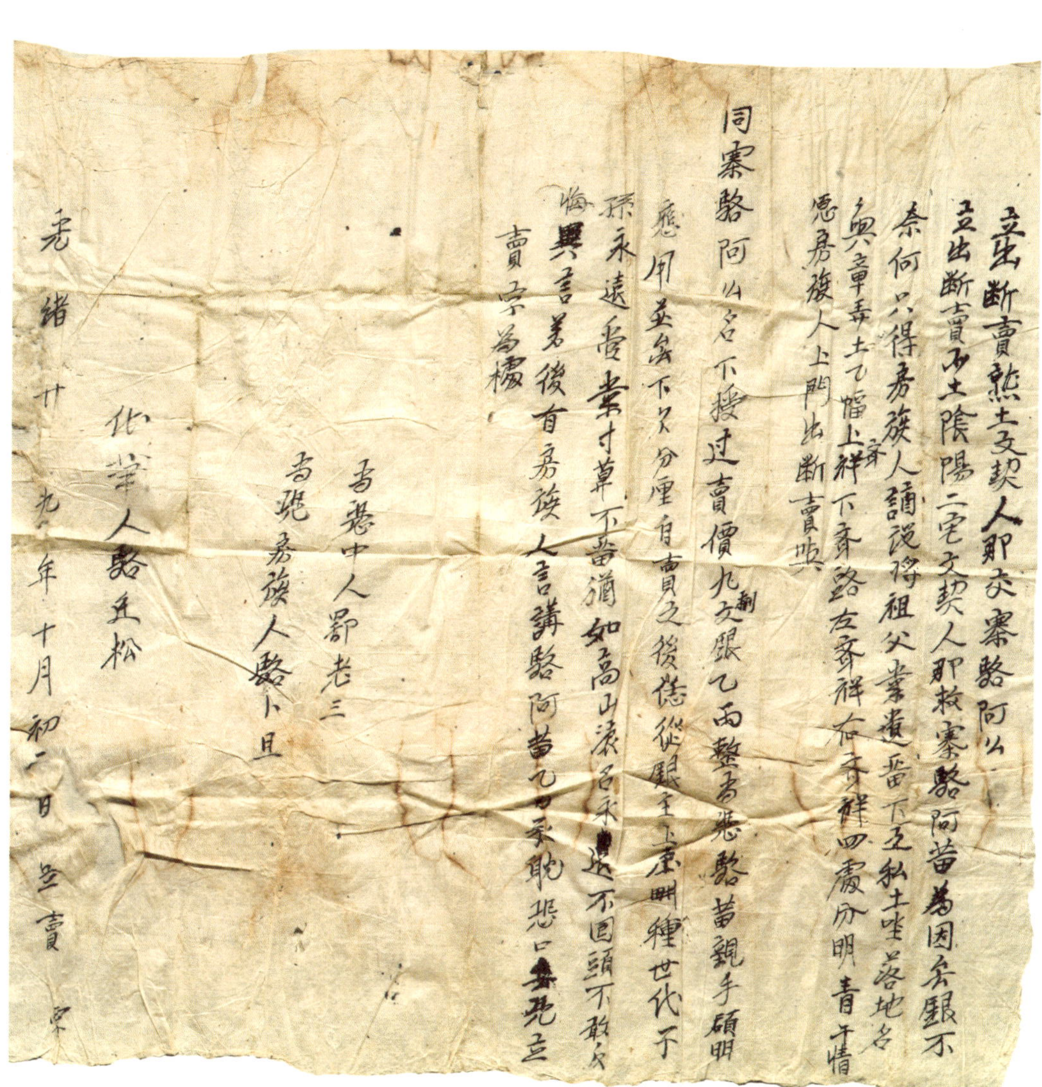

立出斷賣熟土文契人那交寨駱阿幺
立出斷賣山土陰陽二宅文契人那救寨駱阿苗爲因無銀不
奈何只得房族人請說將祖父業遺留下之私土坐落地名
魚章弄土乙幅上抵寨下齊路左齊祥右齊祥四處分明青十情
愿房族人上門出斷賣與
同寨駱阿幺名下授過賣價九錢銀乙兩整當憑駱苗親手領明
應用並無下欠分厘自賣之後憑從銀主上塵耕種世代子
孫永遠管業寸草不留猶如高山滾石永遠不回頭不敢反
悔異言恐後有房族人言講駱阿苗乙面承耽恐口無憑立
賣字爲據
憑中人羅老三
憑房族人駱卜旦
代筆人駱丑松
光緒廿九年十月初二日立賣字

05.骆阿苗当水田契（光绪二十九年十月初六日）

立出当水田文契人那交寨骆阿苗，为因无银使用，只得☐兄商议，所有之田坐落地名唤那柯砂[1]田，大小七丘，谷种四☐，请凭房族中人上门出当与本寨骆阿么名下，即日授过当价玖捌纹银贰两整。当凭堂兄亲手接银应用，并无尾欠分厘。自当之后，恁（任）随银主上庄耕种，收租作利，二比不得异言。恐口无凭，立当水田一纸为据。

当凭中人　罗卜引宋[2]押
　　　　　鄂卜荣[3]押
房族化（画）字人　骆卜且押
代笔人　罗廷举押
光绪廿九［年］十月初六日　立

【注释】

[1] 那柯砂，naz gogt sal[na^{11} kok^{35} sa^{24}]，地名。

[2] 卜引宋，boh yinc songl[po^{33} jin^{53} soŋ^{24}]，人名。

[3] 卜荣，boh yongx[po^{33} joŋ^{31}]，人名。

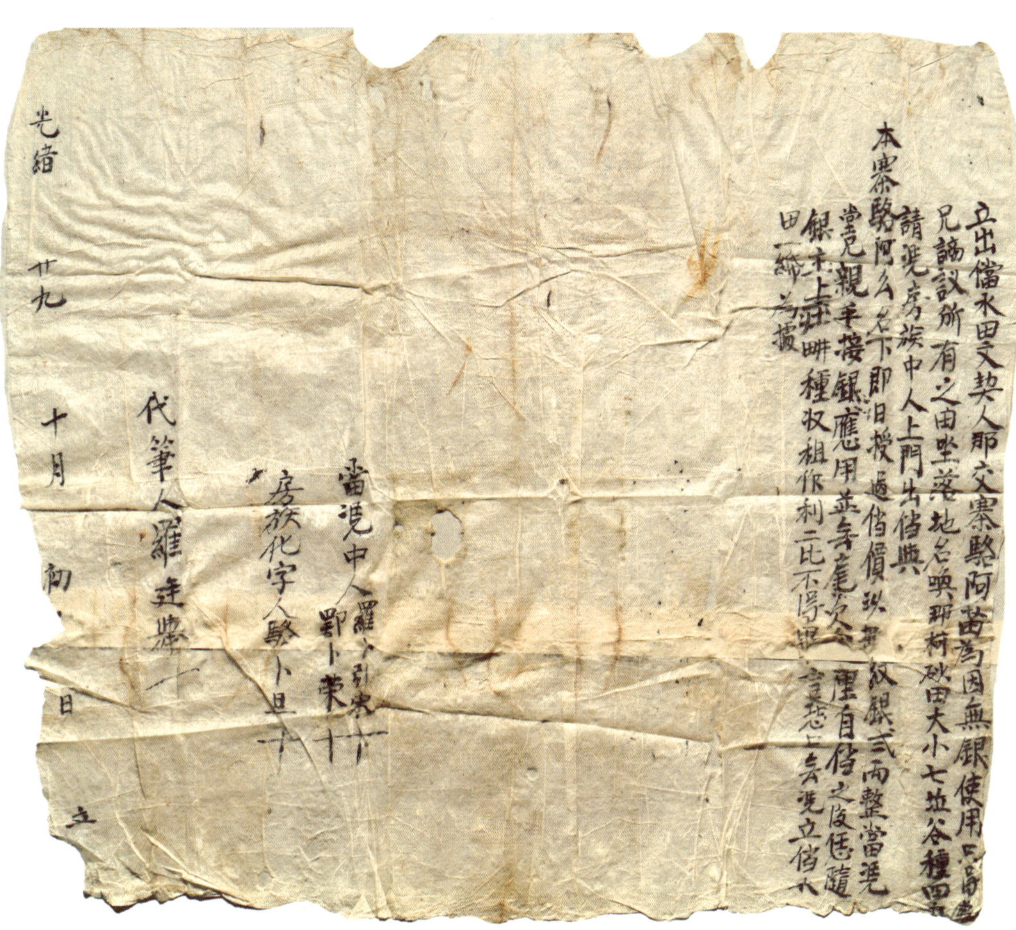

立出當水田文契人那交寨駱阿苗爲因無銀使用只得自[illegible]
兄謫議所有之田坐落地名喚那柯硚田大小七坵谷種四[illegible]
請憑房族中人上門出佔典
本寨駱阿么名下即日授過佔價[illegible]紋銀貳兩整當憑
憑親手接銀應用並無虧欠分厘自佔之後恁隨
銀主上田耕種收租作利二比不得異言恐口無憑立佔
田一紙爲據

當憑中人羅[illegible]　郢卜荣　十
房族化字人駱卜且　十
代筆人羅廷標　十

光緒廿九　十月　初[illegible]日　立

06.骆席当粮田契（光绪七年十月初二日）

立当粮田文契人坝宽[1]寨骆席，为因疾病患难，无处出办，只得自己商议，不奈其何，自将粮田那盖[2]田，大小壹丘，计种叁斤，情愿请凭上门出当与干河[3]寨任弟名下，当凭得授当价九五银贰两叁钱。凭其银席亲手领明应用，并无货物准拆（折）。其粮田自当之后，恁（任）从银主耕种收租，于不拘远近，银到田归赎，永远再不得反悔异言。今欲有凭，所立当粮田乙纸为据。

当凭中过付人　黄老四　受钱四斤押
代草人　任玉佩
光绪七年十月刀（初）二日　立当粮田契骆席押

【注释】

[1] 坝宽，bas guangh[pɑ^{35} kuɑŋ^{33}]，寨名。

[2] 那盖，naz gais[nɑ^{11} kɑi^{35}]，田名。

[3] 干河，dah saauc[tɑ^{33} sɑːu^{53}]，寨名。

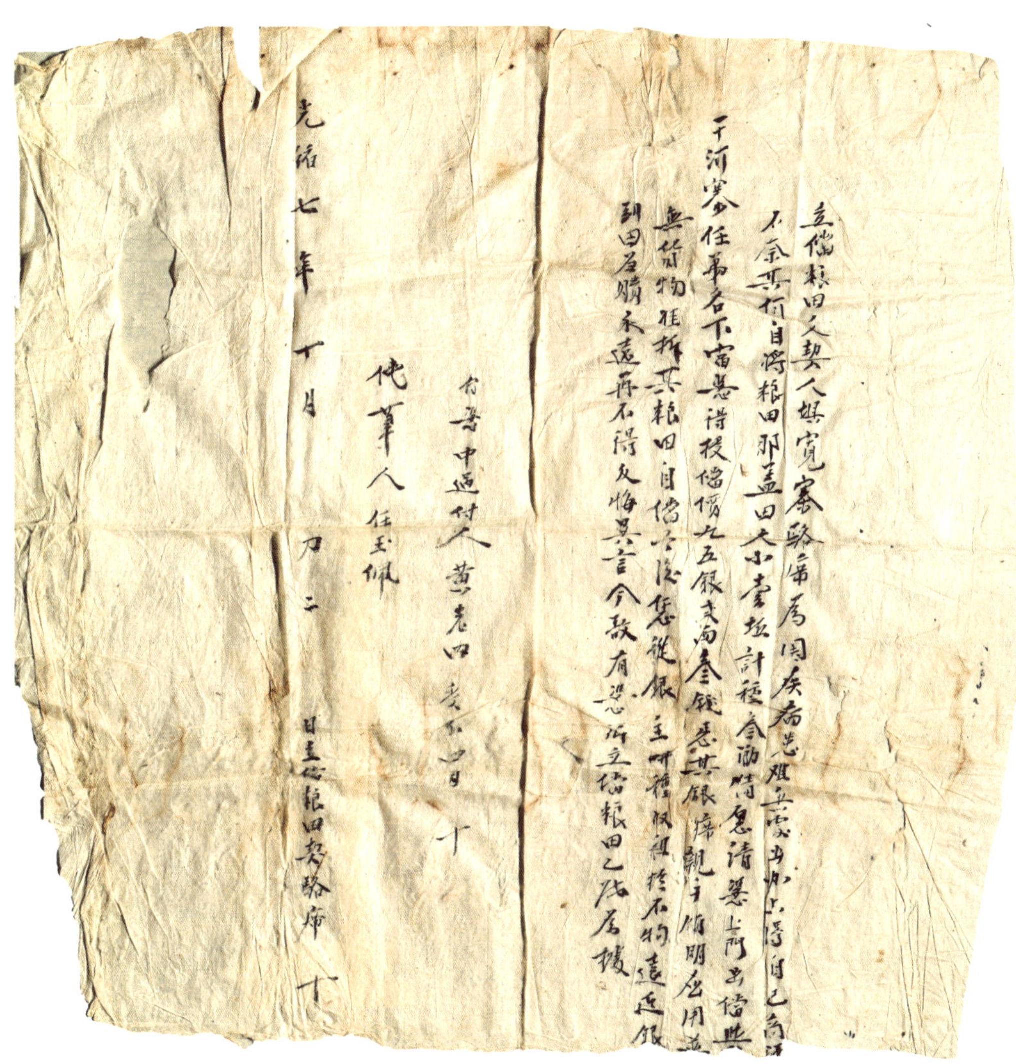
立儅粮田文契人堪寬寨駱帝居 因家下艱難無處出辦只得自己商議
不余其所自將粮田那蓋田大小壹坵 計種叁斤 情愿請憑上門出儅與
干河寨任第名下當憑諸授儅價九五銀貳両叁錢 其銀帝親手領明應用並
無貨物准折 其粮田自儅之後憑從銀主耕種收租 不拘遠近銀
到田還贖 永遠再不得反悔異言 今欲有憑 所立儅粮田一紙為據
憑中過付人 黄老四 受[illegible] 十
代筆人 任玉佩
光緒七年 十月 初二 日立儅粮田契駱帝 十

07.阿列断卖荒土契(民国十二年三月十日)

立出断卖荒土文契人那贱[1]村堂兄骆卜燕[2]之子名阿列，父子二人为因还账利大，银无处出办，只得父子商议，愿将祖父所遗下之业，坐落土名唤那葬[3]土壹幅，上抵田，下抵买主，左右齐买主，脚踏手指，边界分明，情愿亲自请凭中上门，出断卖与那交堂弟罗吉安名下，即日为业，当凭得受过土价值洋银公宣贰大元整。罗姓其亲手接明应用，并无尾欠分厘。自断卖之后，认（任）随银买主投税过割，世代子孙永远管业，红土沙土，寸草一木不留，犹如高山滚石，永不回头。日后有力不能取赎，无钱不能加补，已在未在，不得前来争论多端，倘有多端，有凭中乙力承耽（担）。今恐口无凭，立此断卖荒山土文契乙纸为据。

地久天长

内添一个小字

画字人　罗卜汉　受钱乙斤押

当凭中人　罗玉廷　受钱八两押

凭中代字人　罗起联　受钱八两押

民国十二年癸亥三月十日立　断卖土字押

【注释】

[1] 那贱，naz sianl[nɑ^{11} siːn^{24}]，寨名。

[2] 卜燕，boh yianl[po^{33} jiːn^{24}]，人名。

[3] 那葬，naz jaangl[nɑ^{11} tɕɑːŋ^{24}]，也称 rih naz jaangl[zi^{33} nɑ^{11} tɕɑːŋ^{24}]，土名。

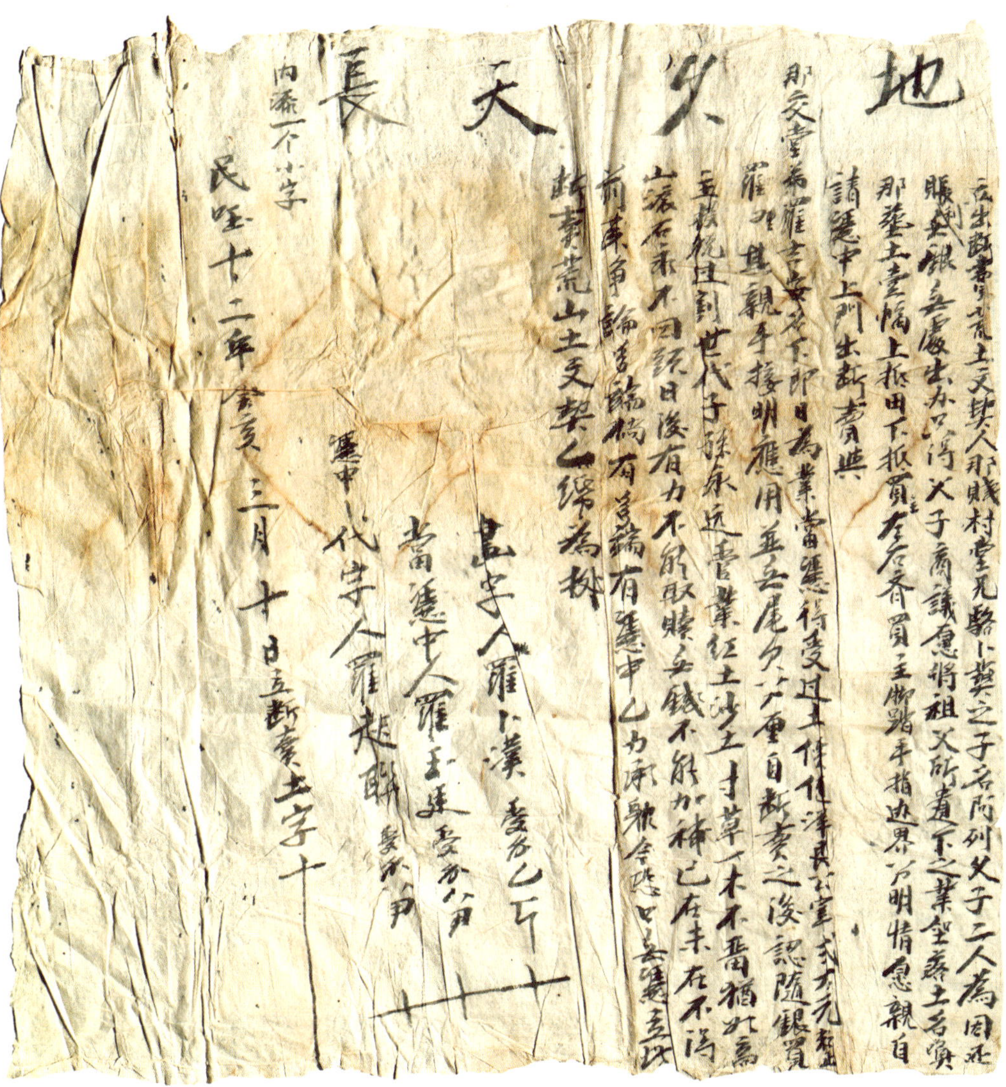

地久天長

立出斷賣荒土文契人那賎村堂兄駱卜英之子名所列父子二人為因延
賬無銀無處出办只得父子商議愿將祖父所遺下之業坐落土名嶺
那埜土壹幅上抵田下抵買主左右齊買主脚踏手指邊界分明情愿親自
請憑中上門出斷賣與
那交堂弟羅定安名下即日為業當憑中得受過土價洋銀式拾元整
羅姓親手接明應用並無尾欠分厘自斷賣之後認隨銀買
主叔侄到世代子孫永遠管業任土改土寸草一木不留猶如為
山落石永不回頭日後有力不能取贖無錢不能加補已在未在不得
前來爭論等情倘有等情有憑中乙力承耽今恐口無憑立此
斷賣荒山土文契乙紙為據

憑中人羅卜漢 受分乙斤

當憑中人羅玉廷 受分八角

憑中代字人羅起麟 受分八角

內添一个小字

民國十二年癸亥三月十日立斷賣土字

08.罗梁氏断卖园子契(民国十三年四月十六日)

立出断卖园子文契人纳交[1]寨后母罗梁氏，为因杨先云、杨先文上前逼账，无银使用，只得杨姓商议，愿将祖父遗留之私业，坐落地名过或[2]园子二过，难（楠）竹一农（笼），乙并在内，脚踏首（手）指，四界分名（明），先问房族人等，无人承受。下抵大路，上抵买主之界，左抵黄姓，右抵大路。亲自请凭中上门出卖与本寨罗吉安名下，受过卖价随洋银四半元正。即日三面言定，当凭中人笔下交清，卖主亲手领银，回家应用，不得少欠分厘。字（自）卖之后，恁（任）随买主上庄耕重（种），收租作利，随挖随开，子孙永远管业。二比心甘情愿，不得反悔异言，若有反悔异言，有凭中乙力承耽（担）。今恐口无凭，立出卖字乙纸为永远存照为据。

凭中人　罗登达　罗启员　共受钱五斤押
代笔人　杨先文　受钱二斤押
民国十三年四月十六日　立卖字

【注释】

[1] 纳交，naz jaus[nɑ^{11} tɕɑu^{35}]，寨名。

[2] 过或，gogt weah[kok^{35} vɯə^{33}]，地名。

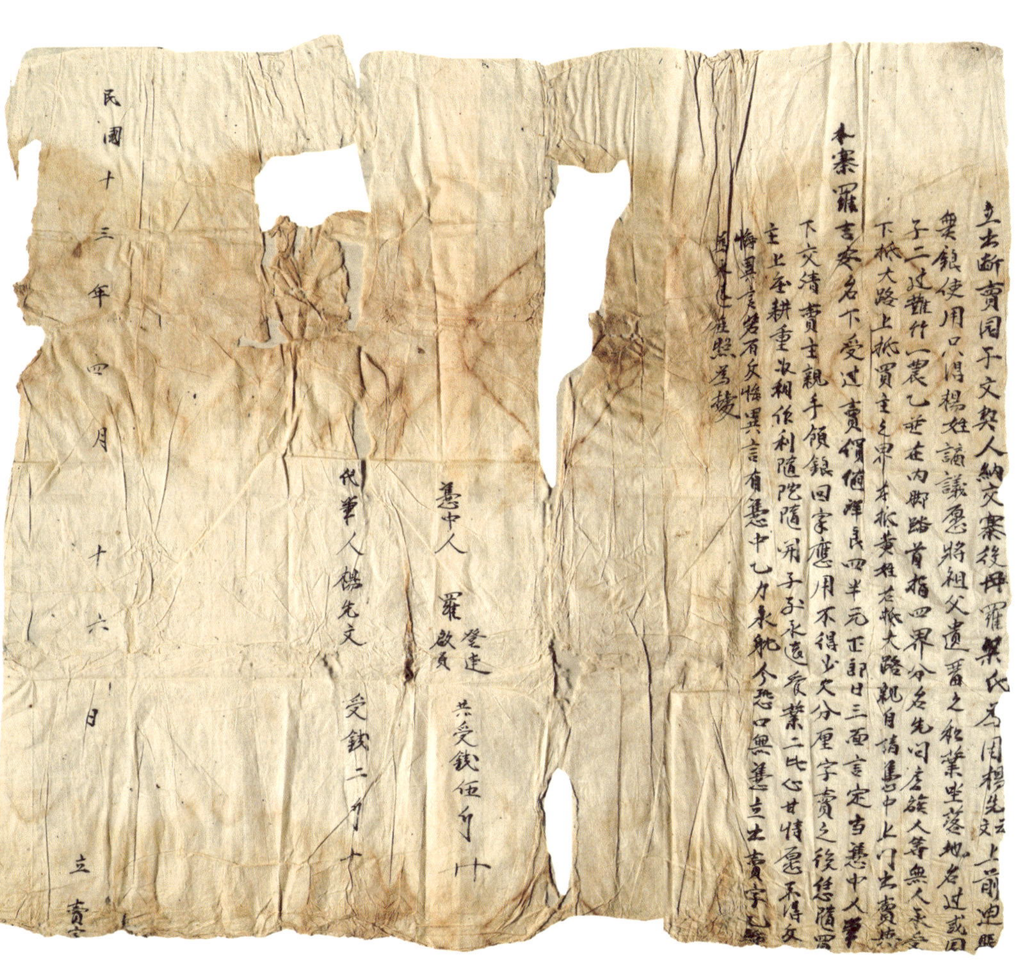

立出断卖田字文契人纳交寨役毋罗架氏为因粮先无上前迎[illegible]
要银使用只得粮姓谪议愿将祖父遗留之私业坐落地名过或田
子二边难竹一丛乙並在内脚踏首指四界分名先问房族人等无人承受
下抵大路上抵买主之界右抵黄姓左抵大路亲自请凭中上门出卖与
本寨罗吉安名下受过卖价银洋艮四半元正即日三面言定当凭中人亲
下交清卖主亲手领银回家应用不得少欠分厘字卖之后任随买
主上坐耕种收租依利随陀随用子孙永远管业二比心甘情愿不得反
悔异言若有反悔异言有凭中乙力承耽今恐口无凭立出卖字乙纸
[illegible]执照为据

凭中人 罗登达 罗启贵 共受钱伍分
代笔人杨先文 受钱二分

民国十三年四月十六日 立卖[illegible]

09.骆乜陶断卖荒山熟土契（民国元年十一月二十八日）

立出断卖荒山熟土文契人纳盘[1]寨骆乜陶[2]，为因急需，无处出办，只得兄弟商议，就将祖父遗置荒山，坐落地名唤过然[3]土乙幅，上抵燕（堰）沟，下抵何（河）沟，两扁（边）归主，脚踏手指，四界分明，情愿请房族中人上门出断卖与纳交寨骆廷安名下永远为山，是日当凭得授受买价值铜钱三斤正。新（亲）手领明应用，并无尾欠分厘。自断之后，任从银主自（世）代此（子）孙永远管业，上庄耕重（种），收租其业，尤（犹）如高山滚石，永不回头，税过角（割），二比不得返（反）悔异言。今恐口无凭，立出断卖荒山乙抵（纸）为据存照。

永远管业

画字人　骆甫凡[4]押

当凭中代笔人　鄂玉祥押

［中］华民国元年冬月廿八日

立

【注释】

[1] 纳盘，naz baanz[nɑ^{11} pɑːn^{11}]，寨名。

[2] 乜陶，乜，meeh[me^{33}]，“妈”之意。乜陶，小孩“陶”的母亲。

[3] 过然，gogt raanx[kok^{35} zɑːn^{31}]，地名。然 [raanx]，石板之意。

[4] 甫凡，boh faanx[po^{33} fɑːn^{31}]，人名。

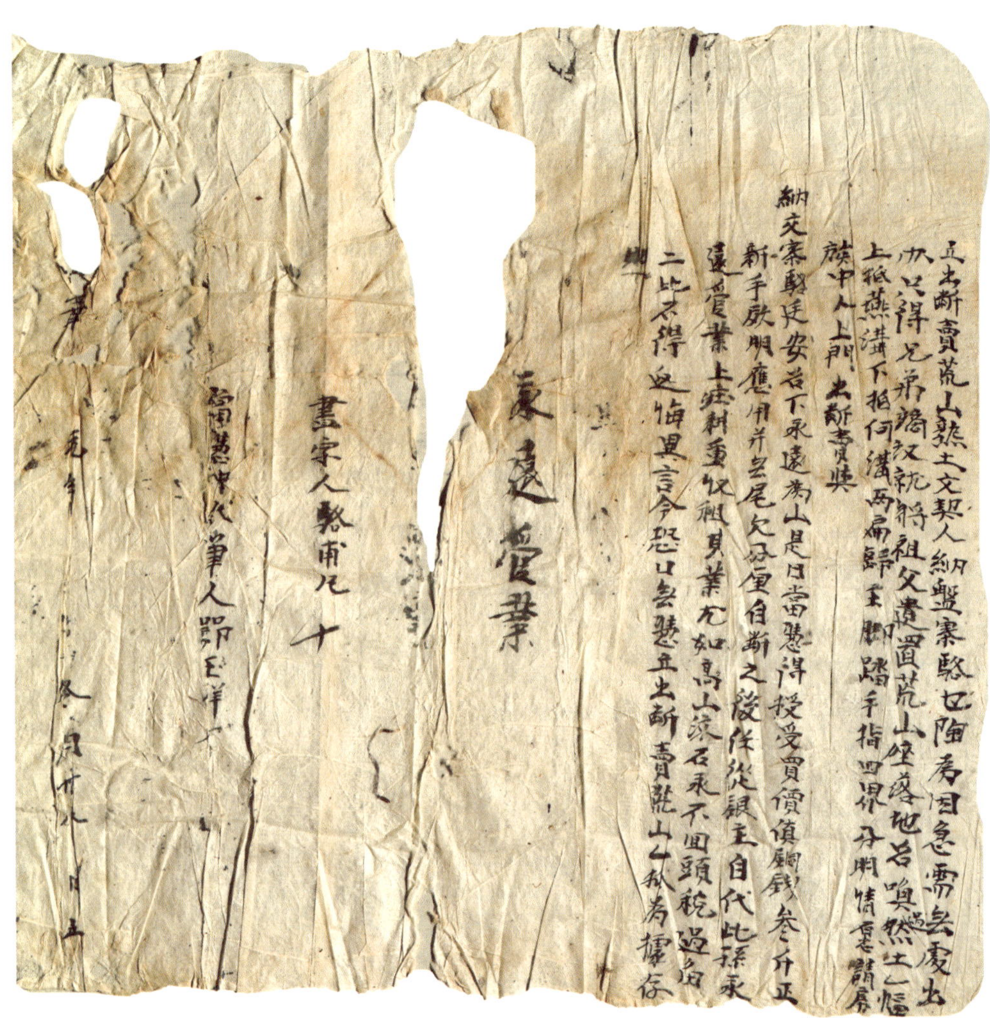

立出断賣荒山熟土文契人納盤寨駱也陶為因急需無處出
辦只得兄弟協議就將祖父遺置荒山坐落地名喚燕土一幅
上抵燕溝下抵何溝兩扁歸主腳踏手指四界分明請憑房
族中人上門出断賣與
納交寨駱廷安名下承遠為山是日當憑得授受買價值銅錢叁仟正
新手欣明應用并無尾欠分厘自斷之後任從銀主自代此孫永
遠管業上庄耕種恍親其業亦如高山滾石永不回頭賴過無
二比不得返悔異言今恐口無憑立出斷賣荒山土契為據存
永遠管業
畫字人駱甫尼 十
請憑中代筆人駱巨洋 十
元年 冬月廿八日立

10.黄永昌断卖私水田契（民国十六年四月二十六日）

立出断卖私水田文契人纳蛟[1]寨黄永昌，为因账目逼迫，家下无处出办，只得父子商议，将所有遗留之业，座（坐）落田名唤那交[2]上厌[3]石板田，大小陆丘，内有壹坑坟，上抵大路坎子为界，下抵大田卖主为界，左齐鄂姓坎子[4]壹所坟为界，右齐小沟石板为界，脚踏手指，四面踩明，先问房族，无人领，意愿请凭房族中人上门出绝断卖字与下厌寨罗吉安名下永远回（为）业。是日当凭承授（受）断卖价值洋银壹百霖（零）玖个中元整。当凭黄姓亲手接银应用，笔下交清白，并物货无折算、尾欠分毫。自卖私（之）后，任随银主上庄耕重（种）或数阴阳二宅，不以（与）卖主相干，自行头（投）税过角（割），田坎水沟，红土沙土，草木不留一无（物），尤（犹）如高山滚石、水流东海不回头，已在未在，已生未生，不得上前房族来争论多端，倘有房族上前来争论多端，有卖主乙力承耽（担），不干买主之事，并不敢异言。今恐口无凭，立出断卖私水田乙纸为据存照。

亲房族人　黄春廷　又画字　受中元二个押
当凭中证人　黄春兰　受中人铜仙壹斤押
黄玉臣　受中人洋银半元押
黄甫还　受中人铜仙乙斤押
凭中过付人　罗登连　受中人铜仙乙斤押
罗耀廷　受中人铜仙乙斤押
鄂玉光　受中人铜仙乙斤押
依口代笔人　鄂玉祥　受洋银半元押
中华民国拾六年丁卯四月廿六日黄永昌　立卖字押

【注释】

[1] 纳蛟，naz jaus[na^{11} $tɕau^{35}$]，寨名。

[2] 那交，naz jaus[na^{11} $tɕau^{35}$]，寨名。

[3] 厌，应为“院”，下文同。

[4] 坎子，意同“墙坎”。

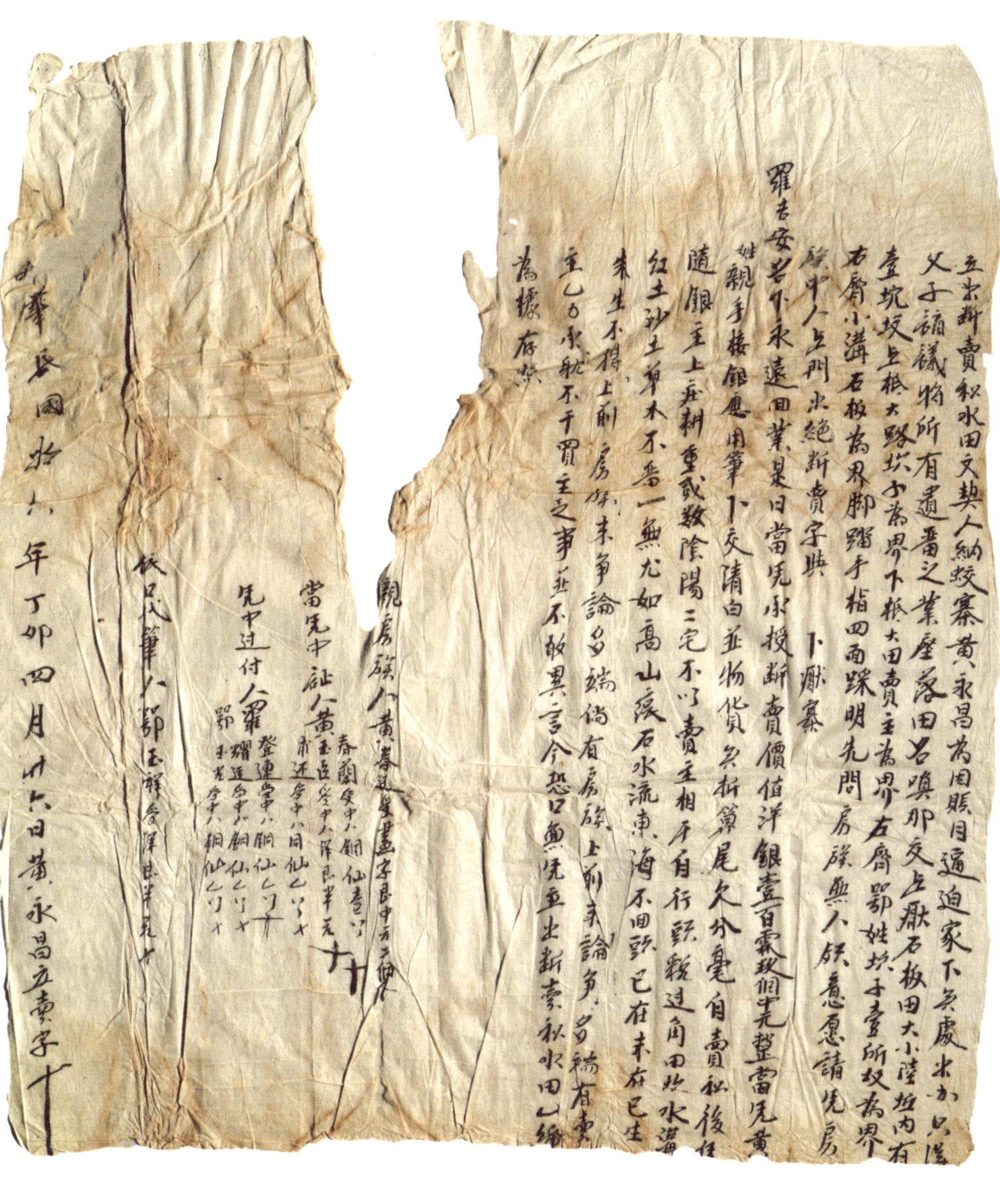

立出斷賣秋水田文契人納蛟寨黃永昌為因賬目逼迫家下無處出办只得父子商議將所有遺畱之業坐落田名嗅那交上敝石板田大小陸坵內有壹坵坎上根大路坎下為界下根大田賣主為界左齊鄧姓坎下壹所坟為界右齊小溝石板為界腳踏手指田面踩明先問房族無人承受意愿請憑房族中人上門出絕斷賣字與 卜那寨
羅吉安名下承遠田業是日當憑承授斷賣價值洋銀壹百零玖個半整當憑黃姓親手接銀應用筆下交清白並物貨無折算尾欠分毫自賣秋後任隨銀主上丘耕重武數陰陽二宅不得賣主相干自行踩過角田坎水溝紅土沙土草木不留一無尤如高山滾石水流東海不回頭已在未在已生未生不得上前房族來爭論多端倘有房族上前來論多端有賣主乙力承耽不干買主之事並不敢異言今恐口無憑立出斷賣秋水田文契為據存照

憑房族人黃春廷受畫字艮中元乙仟
當憑中証人黃春蘭受中八銅仙壹仟
黃玉良受中八洋艮半元
黃甫廷受中八銅仙乙仟
憑中过付人羅登連受中八銅仙乙仟
羅躍廷受中八銅仙乙仟
鄧玉光受中八銅仙乙仟
依口代筆人鄧玉輝受洋艮半元

中華民國拾六年丁卯四月廿六日黃永昌立賣字 十

11. 黄春廷换屋基契（民国二十六年八月初七日）

立出所唤（换）屋基文契人纳交寨黄春廷，为因坐不顺，只得兄弟商议，遗置之屋基，坐落地名唤下厌路坎上屋基壹圆，上抵杨姓之田，下齐大路，左齐墙，右齐罗姓之坎子，脚踏手指，四界分明，请凭房族中人上门立出唤（换）与本寨罗吉安名下永远为业。是日，当凭于中，得授所唤（换）屋基为业，正当凭黄姓亲手领明应用，并物货无，不得尾欠分毫。自唤（换）之后，任随得业修造大厦，不以（与）唤（换）主相干，世代此（子）孙永管业，红土沙土，竹木在内，一石一木不留，二比不得房族上前争论多端，倘有多端，有所主乙面承耽（担），不得业事。今恐无凭，立出所唤（换）乙张书付以为据存照。

亲房族人　黄春兰　受化（画）字银一半元
凭中证人　王卜颜　鄂卜丁[1]　共受中人银一半元
代笔人　鄂玉祥　受笔银一半元
中华民国二十六年八月初七日　罗吉安　黄春廷　字押

【注释】

[1] 王卜颜，鄂卜丁，卜颜，boh yianx[po^{33} ji:n^{31}]；卜丁，boh dingh[po^{33} ti:ŋ^{33}]，均人名。

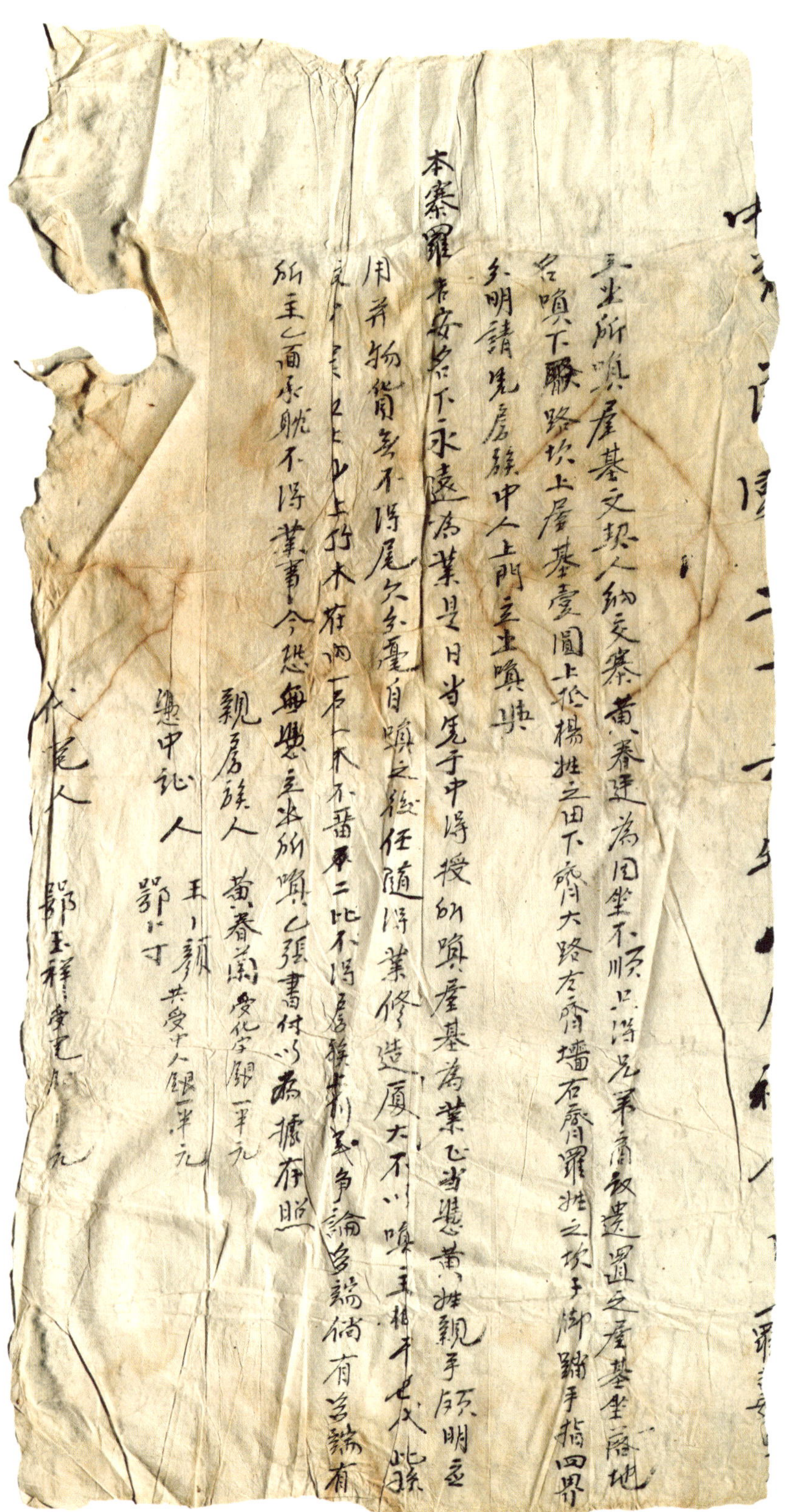

12.罗黄氏主婚字据（民国二十八年三月初八日）

立主婚字据人那交寨罗黄氏，情因长男罗启明病故在外，遗妻陈氏，年虽三旬，只生一女，诚恐将来年老，衣食无靠，难以守节，愿行再醮。兹有族姓罗启元，亦属新丧其偶，两就其便，以结姻好，同度晚年。对罗启明存日浮浪外游，欠账□多，家业贫窘，无所开支。今遇此举，特请各账主到间，均托让情，十分之本，只开其二，一体同然，永无后患。黄氏方面，取领讨亲人土布乙匹，以作老衣之用。恐后如召账主反悔，及嫁亲讨税者，借此生枝，许将此据呈公。句干重处，恐口无凭，特立此书，付与罗启元，永远发达，收执为据。

凭媒证　罗耀廷　黄春南　二人各受二半元

凭寨老　罗登云　鄂玉祥　鄂玉光　黄春亭

四人各受乙半元

吴仲彝　代笔　受洋贰半元

中华民国廿八年己卯岁古历三月初八日立主婚字人罗黄氏　立

立主婚字接人那交寨羅黃氏，情因長男羅啟明病故，立外遺妻
陳氏年能三旬，祗生一女，誠恐將來年老衣食無靠，難以守節，既行再醮。
茲有
族侄羅啟元名下，就表兄偶而就近便以結姻，將門庚晚年對
羅啟明存日浮浪外遊，欠賬甚多，家業貧寒，無所開支，今遇此舉，特請
各賬主到間，均托讓情十分之幸，只開出二一倅，同然永無後患。黃氏方面
取領討親人土布乙疋，以作老衣，自用悉收，以免賬主不收。在嫁親討親
眷藉此出枚，許將此據呈公，自干重究。恐口無憑，特立此書付與
羅啟之永遠莫違收執為據。

憑

媒證 羅耀廷 黃春南 二人各受二半元

寨老 羅登雲 鄒吉祥 黃春亭 四人各受乙半元

吳仲彝代筆 受洋貳半元

计开各账主芳名于后：

茂赖王卜要[1]本银袁光拾元正，有字，已退收。

柯杉吴致祥本洋烟贰拾两正，召字，退收。

柯杉吴祥举本大洋五元中元贰枚正，亲笔，收得四半元。

牛项包[2]岑玉禄本大洋陆元正，收四半元，清

本寨鄂玉祥本中元贰拾贰枚正，召字，退收。

本寨鄂玉光本中元捌枚正，召字，退收。

本寨鄂玉清本大洋陆元正，收四半元，清。

本寨骆乜凡[3]本中元叁拾叁个正，开七半元以后，无论召字作为无效。

弄林[4]罗卜湾本中元肆拾个正。

度六[5]寨吴卜豪洋烟拾贰两正。

卡韶韦卜规中元八枚正。

本寨罗启华大洋陆元正，收三半元。

本寨罗启仁烟土五两正，收半元。

那盘[6]罗韦氏中元贰拾五枚正。

【注释】

[1] 卜要，boh yaul[po^{33} jɑu^{24}]，人名。

[2] 牛项包，bol saangl[po^{24} sɑːŋ^{24}]，寨名。

[3] 乜凡，meeh faanx[me^{33} fɑːn^{31}]，人名。

[4] 弄林，ndongl lingz[ʔdoŋ^{24} liːŋ^{11}]，寨名。

[5] 度六，duc luz[tu^{53} lu^{11}]，寨名。

[6] 那盘，naz baanz[nɑ^{11} pɑːn^{11}]，寨名。

中華民國廿八年己卯歲古曆三月初八日立主婚字人羅黄氏 立

計開欠賬之芳名於后

咸賴王卜要本銀袁光拾元正 有字已退收

柯杉吴致祥本洋煙弍拾兩正 已字退收

收得四半元

楊杉吴祥參本大洋五元中元弍枚正親筆

牛項包岑玉祿本大洋張之正 收四半元清

本寨鄧玉祥本中元弍拾弍枚正 已字退收

本寨鄧玉光本中元捌枚正 已字

正

本寨鄧玉清本大洋張之正 收四半元清

本寨駱乜凡本中元叁拾叁箇正 開七半元以後云 論及字作為云敍

再林羅卜灣本中元肆拾箇正

慶六寨吴卜豪洋烟拾弍両正

上卡龍韋卜規中元八枚正

本寨羅召義大洋張之正 收三半元

本寨羅召仁烟土五両正 收半元

那盤羅韋氏中元弍拾五枚正

13. 杨苑氏当水田契（民国十二年七月十八日）

立出当字水田文契人大营上坪杨苑氏，为因手中逼迫，无处出辨（办），只得将祖父晋（留）之业，座（坐）落地名那交下寨屋后田，大小五丘，出谷二十挑，自原（愿）请凭中上门出当与那交下寨罗廷安名下，出当价滇洋壹百半元。其银笔下交清，普（并）无尾欠分文。自当之后，自随当主上庄耕种，收株（租）作利，限至三春，银到田回，二比心干（甘）意愿，普（并）无逼迫等情。今恐人心不古，特立当字一纸为据承（存）照。

凭中人　杨文臣　罗义文
代笔人　杨通美
民国十二年七月十八日　杨苑氏　立当字是实

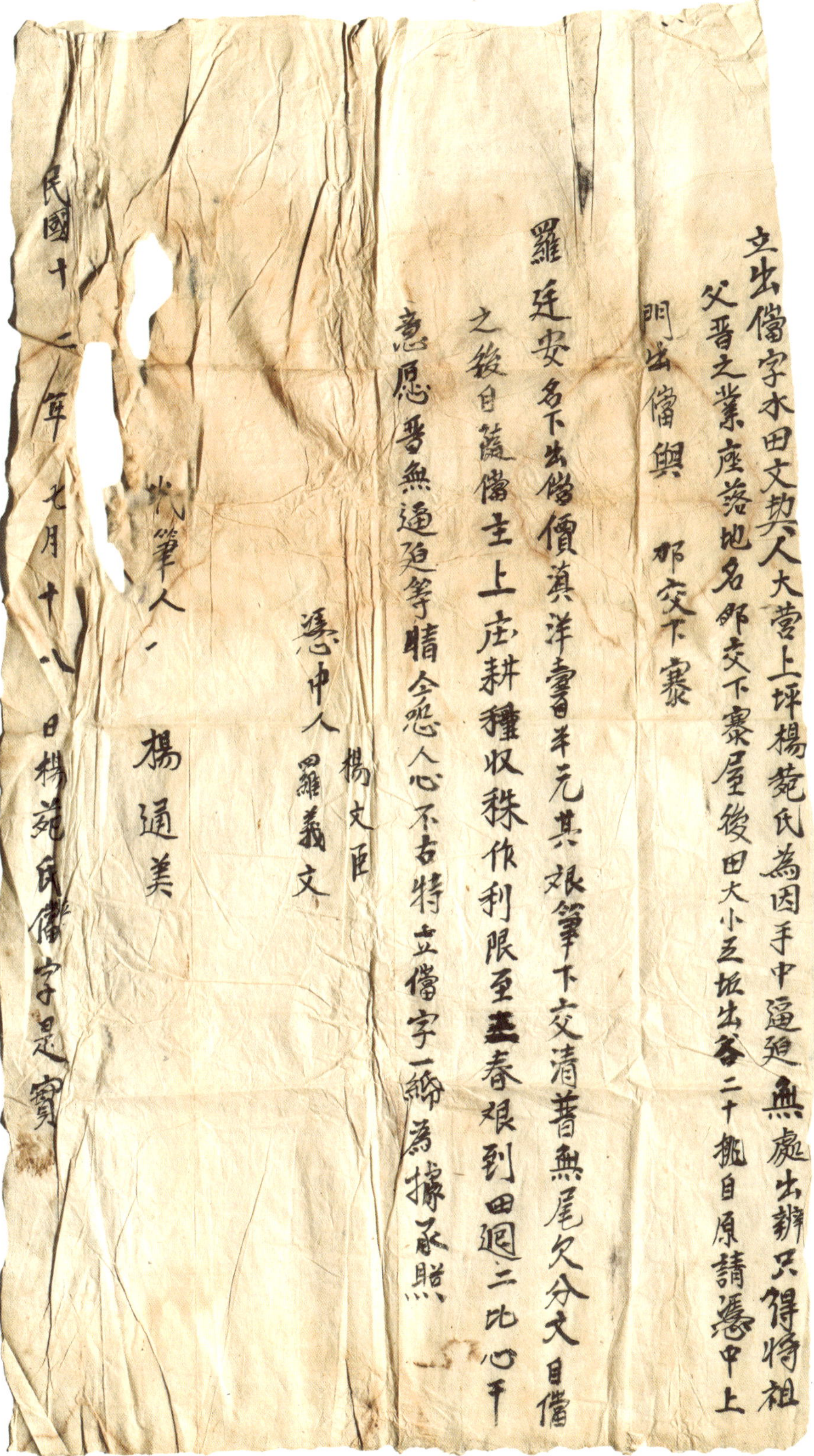

立出當字水田文契人大营上坪楊菀氏為因手中逼迫無處出辦只得將祖

父晋之業座落地名那交下寨屋後田大小五坵出谷二十挑自原請憑中上

門出當與　那交下寨

羅廷安名下出當價滇洋壹百半元其艮筆下交清并無尾欠分文自當

之後自隨當主上庄耕種收株作利限至來春艮到田迴二比心干

意愿並無逼迫等情今恐人心不古特立當字一紙為據承照

憑中人　楊文臣　羅義文

代筆人　楊通美

民國十二年七月十八日楊菀氏當字是實

14.骆阿龙断卖荒山熟土契（民国六年十二月初一日）

立出断卖荒山孰（熟）土文契人那盘[1]寨骆阿龙，为因无银还账，只得夫妻商议，就将祖父遗留之私业，坐落地名唤□葬土一幅，上抵骆姓，下齐沟，左齐骆姓，右齐沟，脚踏手指，四界分明，请凭房族中人上门断卖与那交[2]寨骆廷安名下，即日授过，买价重钱陆拾角整。当凭同姓亲手接钱应用，并无下欠分厘。自卖之后，阴阳二宅，红土砂土，寸草不留，万代子孙永远管业，投税过割，二比不得反悔异言。恐口无凭，立出卖字一纸为据。

画字人　骆卜燕[3]　受钱一斤
凭中人　骆甫汉[4]　受钱半斤
代笔人　罗廷举　受钱一斤
民国六年腊月初一日　立卖字

【注释】

[1] 那盘，naz baanz[nɑ^{11} pɑːn^{11}]，寨名。

[2] 那交，naz jaus[nɑ^{11} tɕɑu^{35}]，寨名。

[3] 卜燕，boh yianl[po^{33} jiːn^{24}]，人名。

[4] 甫汉，boh haanl[po^{33} hɑːn^{24}]，人名。

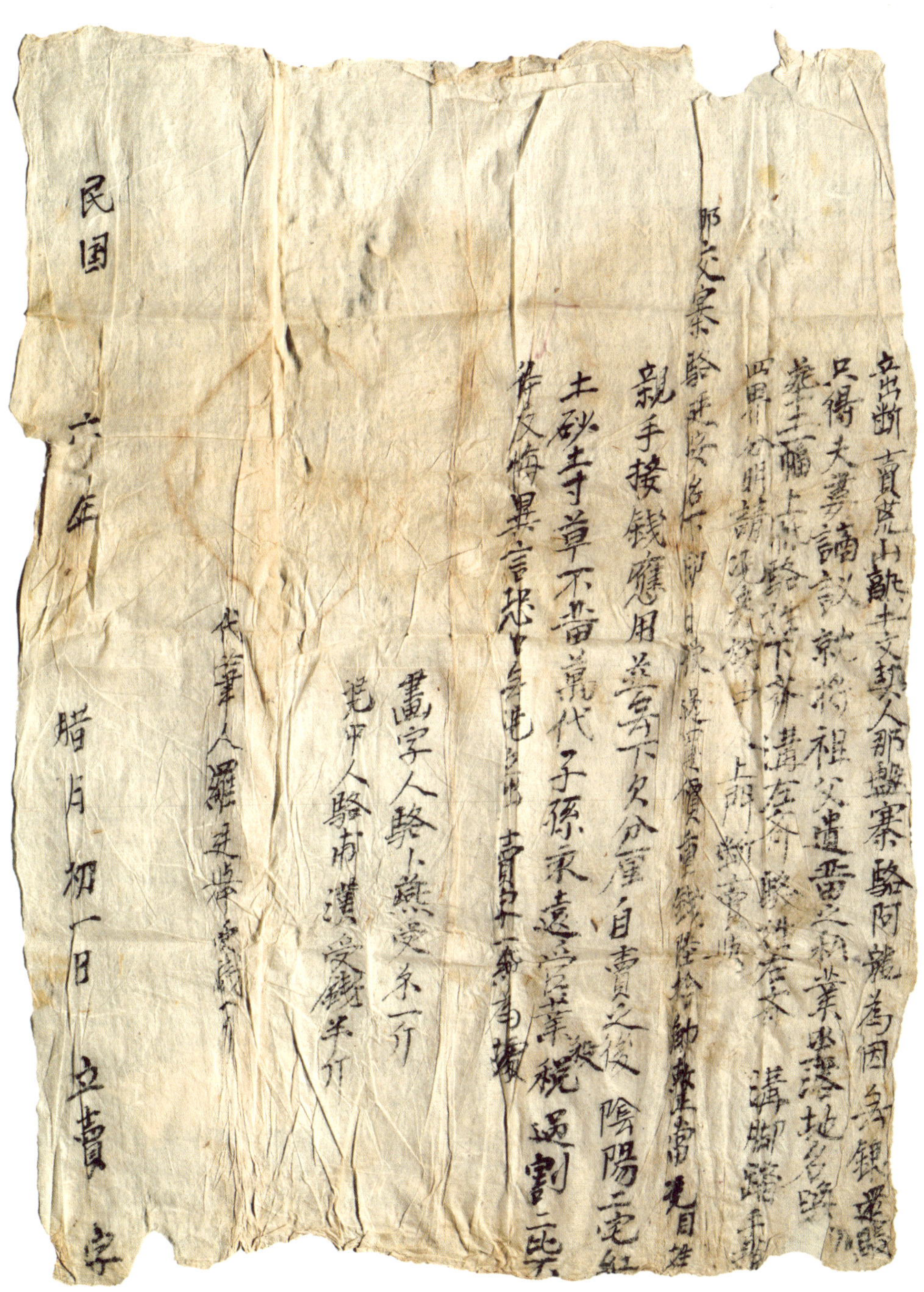

立出断賣荒山畬土文契人那盤寨駱阿龍為因無[illegible]
只得夫妻商議就將祖父遺留之業坐落地名[illegible]
[illegible]十二幅上抵駱姓下抵溝左抵駱姓右抵溝脚路為界
四面分明請憑中[illegible]上門斷賣與
那交寨駱廷安名下[illegible]議定價錢[illegible]整當日[illegible]
親手接錢應用並無下欠分厘自賣之後陰陽二宅[illegible]
土砂寸土寸草不留萬代子孫永遠管業其稅過割二比
[illegible]反悔異言恐口無憑立此[illegible]賣[illegible]為據

畫字人駱卜燕受糸一斤
憑中人駱甫漢受錢半斤
代筆人羅廷[illegible]受錢一斤

民国六年腊月初一日 立賣字

15.岑卜祥断卖荒山熟土契（民国四年十二月二十八日）

立出断卖荒山熟土文契人那交寨岑卜祥[1]，为因急需，无处［出］办，自愿将祖父遗置之荒山，坐落地名唤那葬[2]土乙幅，上齐田，下齐坟，左齐骆姓，右齐骆姓，脚踏手指，四界分明，请凭房族中人上门出断卖与本寨骆廷安名下永远为山。是日当凭得授受卖价值铜钱贰吊整正。清（亲）手领明，清白具在，并无货物折算尾欠分厘。自断之后，恁（任）随买主挖山栽树，随异（意）变阴住阳，……切等件，房族人等一中不能改轮，头（投）税过角（割），尤（犹）如高山滚石，永不回头，此（子）孙新（心）甘意愿，并无返（反）悔异言。今恐口无凭，立出卖字一纸为据。

永远管业

当凭中人　罗卜忠玉　乙斤押

房族画字人　岑阿安　乙斤押

依口代笔人　鄂见文　乙斤押

中华民国四年腊月廿八日　立

【注释】

[1] 卜祥，boh xiangx[po³³ ɕiːŋ³¹]，人名。

[2] 那葬，naz jaangl[nɑ¹¹ tɕɑːŋ²⁴]，土名。

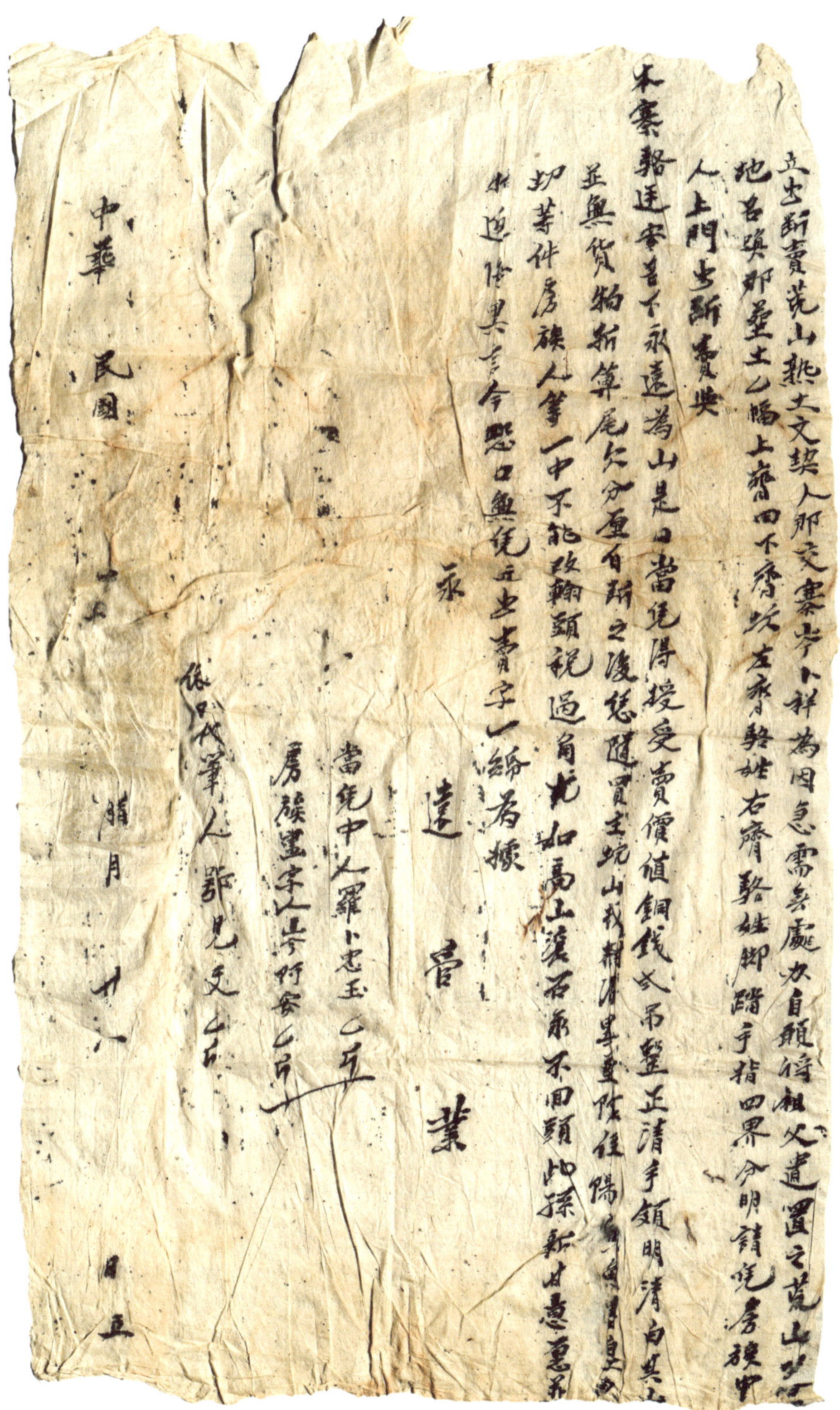

立出断卖荒山地土文契人那交寨岑卜祥为因急需无处办自愿将祖父遗置之荒山[illegible]
地名[illegible]那[illegible]土乙幅上齐田下齐岭左齐[illegible]姓右齐[illegible]姓脚踏手指四界分明请凭房族中
人上门出断卖与
本寨[illegible]送[illegible]名下永远为山是日当凭得授受卖价值铜钱[illegible]吊整正清手领明清白其[illegible]
并无货物折算尾欠分厘自断之后任随买主[illegible]山栽[illegible][illegible]阳[illegible]自[illegible]
切[illegible]件房族人等一中不能攻[illegible]异说过后[illegible]如高山滚石永不回头此[illegible]新甘[illegible][illegible]
永远[illegible]今恐口无凭立出卖字一纸为据

永远管业

当凭中人 罗卜忠玉 乙押
房族[illegible]字人 岑[illegible]安 乙押
依口代笔人 [illegible]见文 乙押

中华民国 十八 腊月 廿八 日 立

16.黄春廷当园圃屋基契（民国二十一年十一月二十一日）

立出当园圃屋基文契人纳交寨黄春廷，为因家下贫寒，无处出办，只得商议，就将所遗留之业，座（坐）落地名唤下厌屋基贰台，上抵高坎，下齐墙坎，左齐罗房，右齐罗发廷，竹木在内，心干（甘）意愿，请凭中上门，出当与同寨罗吉安名下。即日当凭授过当价值滇银捌枚整。当凭黄姓亲手接银应用，并物（无）不得少欠分毫。自当之后，恁（任）随银主修造大厦住。日后三春满，银到归赎，两无揹勒。二比不得返（反）悔异言，倘有异言，有黄姓一面承耽（担）。今恐口无凭，立出当园圃屋基一纸为据存照。

当凭中证人　黄卜还[1]　仙[2]乙斤
依口代笔人　鄂玉祥　仙一斤
民国二十一年冬月廿一日　立　黄春廷　立字

【注释】

[1] 卜还，boh waanx[po^{33} vaːn^{31}]，人名。

[2] 仙，铜钱。

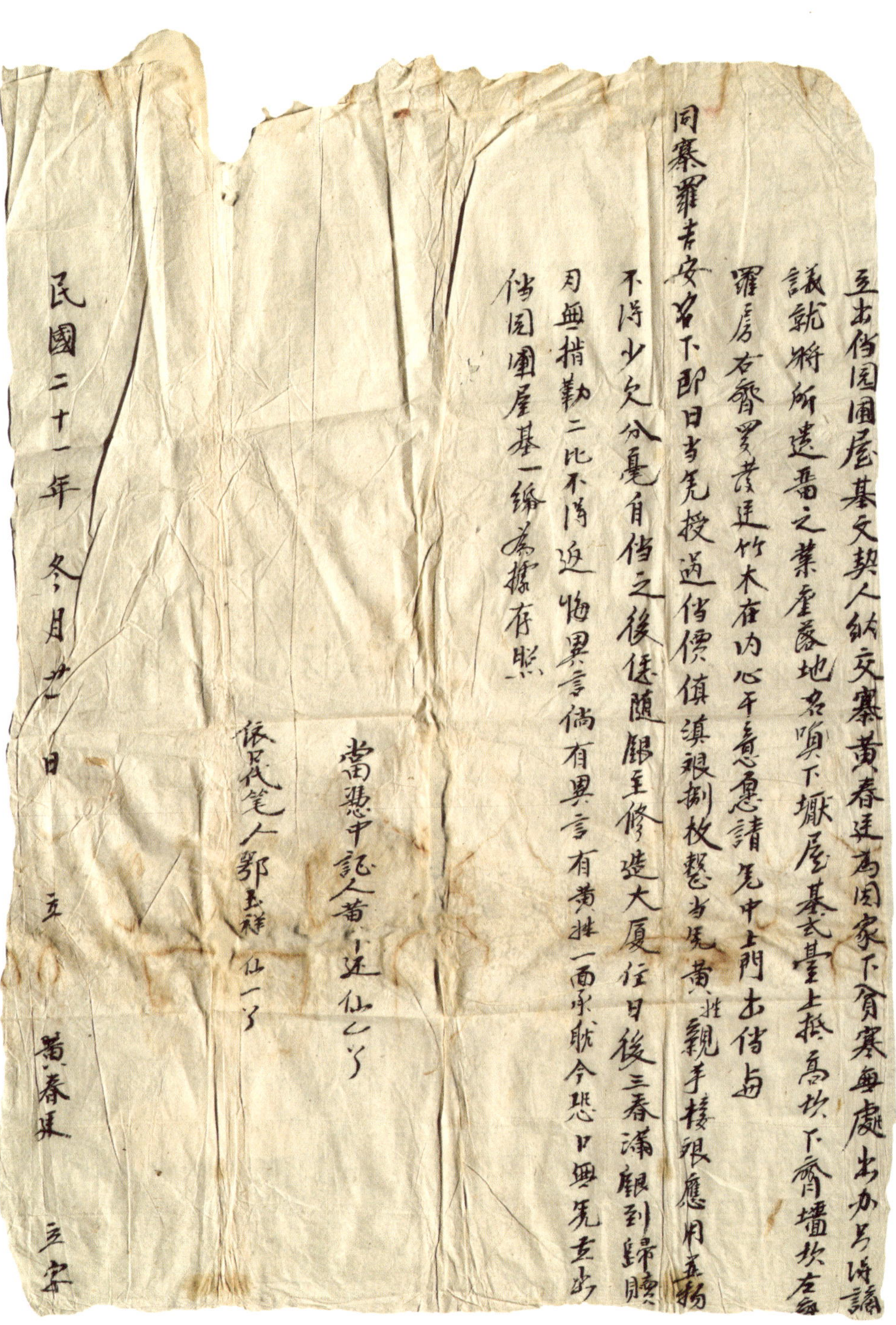

立出佃園圃屋基文契人納交寨黃春廷，為因家下貧寒無處出办，只得請
議，就將所遺留之業，坐落地名喚下墈屋基式臺，上抵高坎，下齊墻坎，左抵
羅房，右齊羅茂廷竹木，在內心平意愿，請憑中上門出佃與
同寨羅吉安名下，即日當憑授過佃價值滇銀捌枚整，當憑黃姓親手接銀應用，並無
不得少欠分毫。自佃之後，任隨銀主修造大厦住。日後三春滿銀到歸贖，
月無措勸。二比不得返悔異言，倘有異言，有黃姓一面承耽。今恐口無憑，立出
佃園圃屋基一紙為據存照。

當憑中記人黃、廷 亿了

依口代笔人郭玉祥 亿一了

民國二十一年冬月廿一日 立 黃春廷 立字

17.罗吉安分关抱养凭据（民国十年正月十日）

具分关抱养凭据以免无后患字人叔罗吉安，自子起路、起加，侄起元，叔侄同居共处。为因先年起元父亡，孤独无人顾复，愿入室作子，耕田养叔。三年五载，即将侄自钱盘媳到宅，人口甚众，叔侄自愿请族中均分据股，各人耕种、各人料理自家产物，日后不同堂兄均业，又兄不同弟争论产业，倘有等情，相（将）字呈公，赴官理明，自干重罪，全账说清。恐后不（无）凭，特立分关抱养字，叔侄各执一张，世代为据。

外批井计叔替侄讨妄需费用：云南银主嫁夫受银壹百陆，又过门礼及中人受银陆拾，又帮缘贰受烟捌两，又护衙的人受银卅五枚，又接所并办酒费用油盐肉，即将余年洋烟苗一季，招与叔各收还项，又酒席向老费用银□枚正，归起路，□此据。

在场凭证　罗起明　罗起连（笔）　罗起超　鄂玉祥

民国十年正月十日　具……

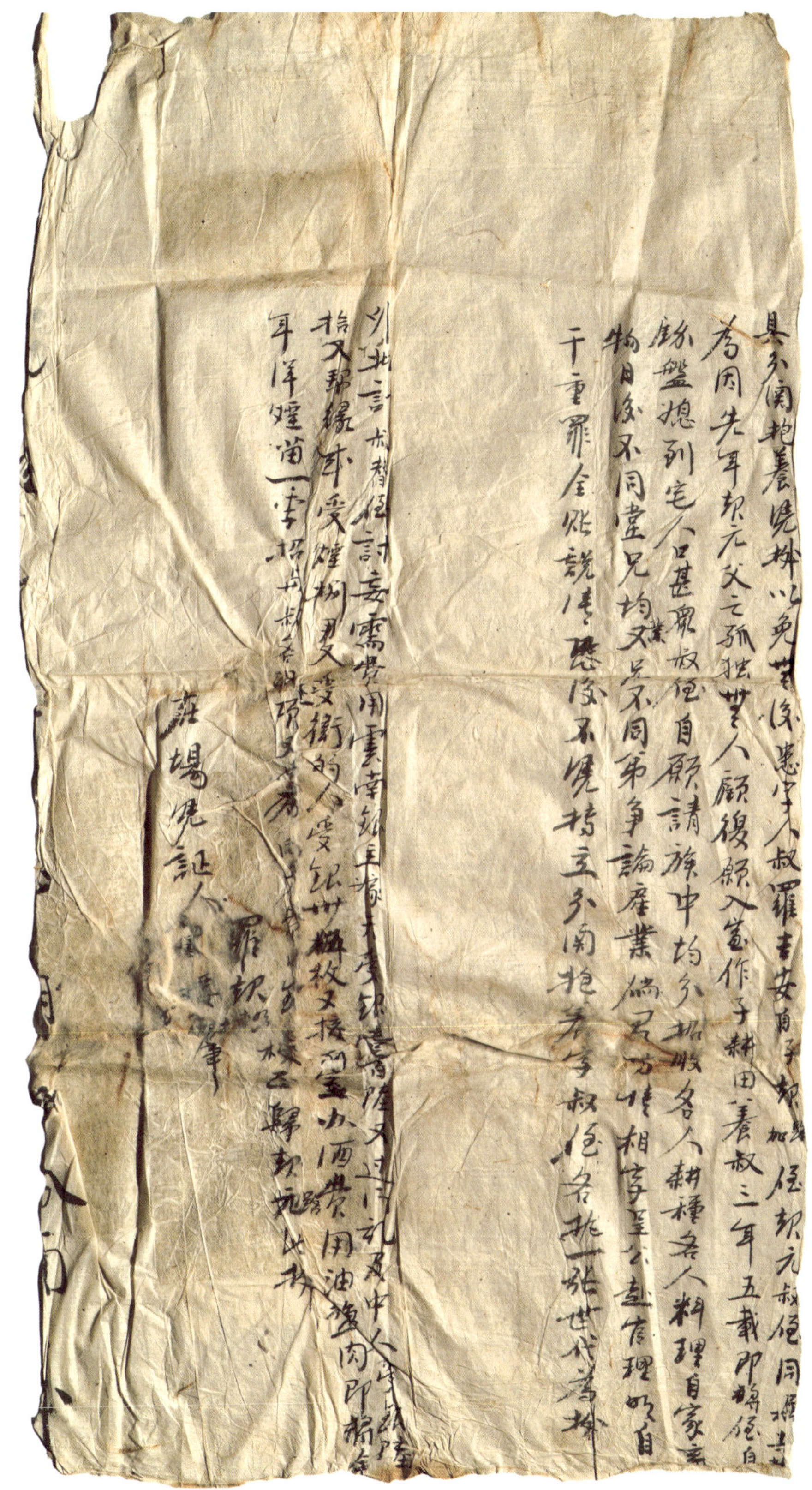

具分関抱養凭據以免日後患字人叔羅吉安育子胡加侄胡元叔侄同堂[illegible]
為因先年胡元父之孤獨無人顧復願入萬作子耕田養叔三年五載即將侄自
鈔盤總到宅人口甚衆叔侄自願請族中均分均收各人耕種各人料理自家
物日後不同壹兄均叉業弟不同弟争論產業倫是兄弟相享至今照官理收自
干重罪全依說凭恐後不凭特立分関抱養字叔侄各執一紙世代為據
外批言叔替侄討妻需費用雲南銀[illegible]
指又帮[illegible]受[illegible]
年洋煙苗一[illegible]
在場凭証人[illegible]
羅胡[illegible]

18.骆阿火断卖荒山熟土契（民国六年十一月二十八日）

立出断卖荒山塾（熟）土文契人孔怀[1]寨骆阿火，为因还账，处出办吴（无）钱，不奈其何，只得父子商议，愿将祖父所遗下之业，坐落地名唤丁墓[2]土壹幅，上抵骆今，下［抵］骆宗灵，左勘，右抵本主；又弄报[3]土壹幅，上抵买主，下抵买主，左抵墙，右抵罗姓，脚踏手指，四界分明，请凭中上门出卖与那盘寨骆卜现[4]名下为业。是日当凭得受过断卖土价值铜钱伍斤整。当骆姓正亲手领明应用，并吴（无）尾欠分厘。其土自断卖之后，恁（任）从钱主投税过割，系代子孙永远管业，红土沙土，寸草一木不留，犹如高山滚石，永不回头归，此系二比心干（甘）情愿，并吴（无）返（反）悔异言，若有返（反）悔，有凭中乙力承耽（担）。今恐口吴（无）凭，人心不古，立断卖荒山塾（熟）土文契乙纸手执存照为据。

永远管业

当凭中证人　骆卜汉　骆卜英　受钱合共半斤

代笔人　骆起联　受钱半斤

中华民国六年冬月廿八日　立断卖荒山塾（熟）土　骆火　字实

【注释】

[1] 孔怀，hongs faaiz[xoŋ^{33} fa:i^{11}]，寨名。

[2] 丁墓，dingh mbos[ti:ŋ^{33} ʔbo^{35}]，地名。

[3] 弄报，luangs bauz[luaŋ^{35} pau^{11}]，地名。

[4] 卜现，boh xianl[po^{33} ɕi:n^{24}]，人名。下文“卜汉”，boh haanl[po^{33} xa:n^{24}]”，人名。卜燕，boh yianl[po^{33} ji:n^{24}]，人名。

永 远 管 業

立出断賣荒山墪土文契人孔怔寨駱阿長為因還賬處出办无錢不來其何只得父子三
議愿將祖父所遺下之業坐落地名嗅丁墓土壹幅上抵駱今下駱宗元左抵右抵本主又弄報土壹
幅上抵買主下抵買主左抵墻右抵羅姓脚踏手指四界分明請憑中上門出賣與
那盤寨駱卜現名下為業是日當憑得受过断賣土價值銅錢伍仟整當駱姓正親手領明應用並
無尾欠分厘其土自断賣之後憑從錢主撥挖过割係代子孫永遠管業紅土沙土寸草一木不
番猶如高山滾石永不回頭歸山係二比心干情愿並無返悔異言若有返悔有憑中乙力
就今恐口無憑人心不古立断賣荒山墪土文契乙紙于執存照為據

當憑中証人駱卜漢 受分合共半斤

代筆人駱起聯 受分半斤

中華民國六年 冬月 廿八日立断賣荒[illegible]孔大 字実

19.罗吉安当私田契（民国二十一年六月初六日）

立出当私田文契人那交寨罗吉安，为因有事在身，无处出办，只得父子商议，就将所有遗留之田，坐落田名大路坎脚石破（板）田，大小五丘，谷种五斤，上抵路，下抵罗姓大田，左右界坎，脚踏手指，四界分明，情愿请凭中上门，出当与柯沙田坝寨吴宗明名下。即日受过当价值洋银元光叁拾陆大元整。当凭罗姓亲手接银应用，并无少欠分毫。自当之后，恁（任）从银主到田分谷，限到二年满，银到归赎，二比不得返（反）悔异言，倘有异言，于中乙面承当。今恐口无凭，立出当私田乙纸为据存照。

当凭中证人　罗启口　罗启明　受中银一元
依口代笔人　鄂瑞廷　受笔银乙半元
中华民国二十一年六月初六日　罗吉安　立当字

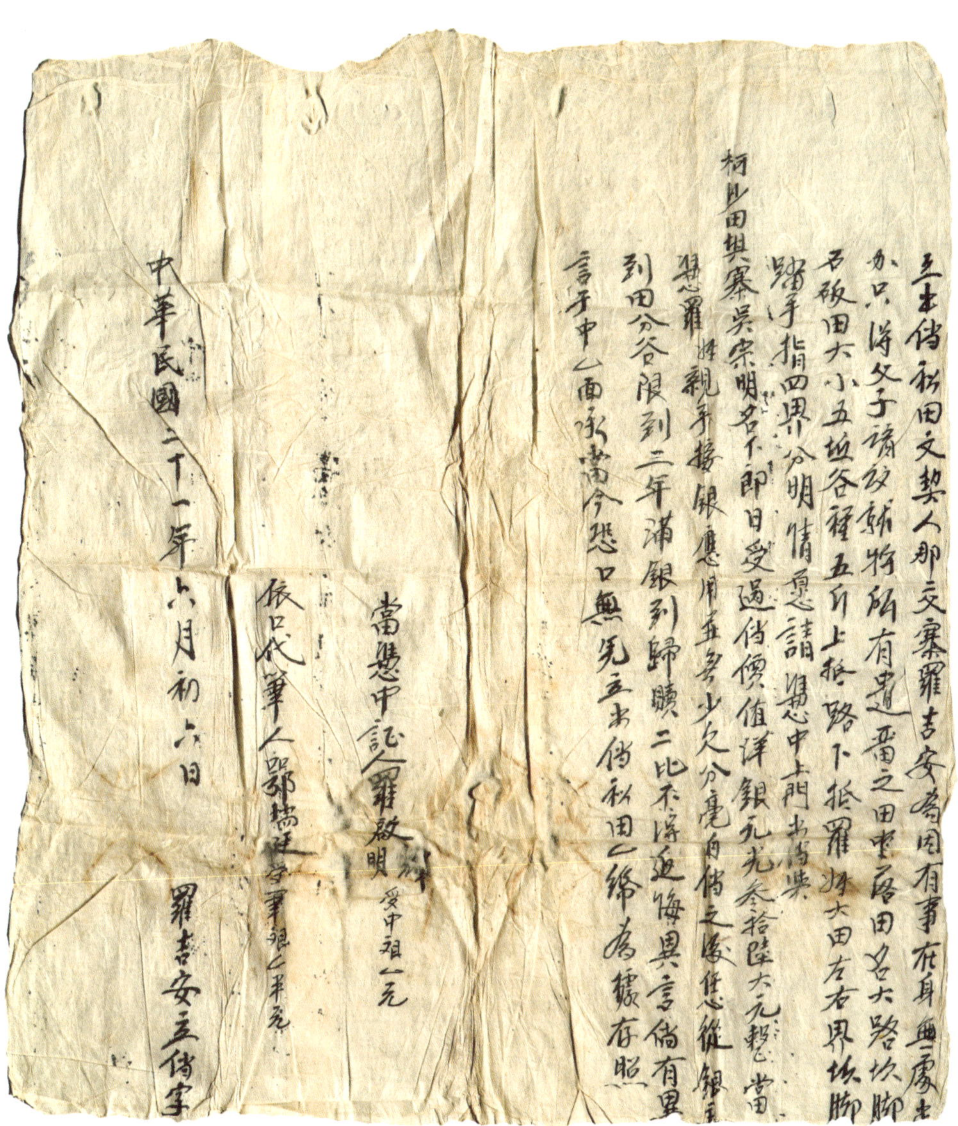

立出佃秋田文契人那交寨羅吉安為因有事在身無處出
办只得父子請致就將所有置當之田坐落田名大路坎脚
名破田大小五坵谷種五斤上抵路下抵羅姓大田左右界抵脚
蹬字指四界分明情愿請憑中上門出佃與
柯以田與寨吳宗明名下即日受過佃價值洋銀元光叁拾陸大元整當
憑羅姓親手接銀應用在參少欠分毫自佃之後任從銀主
到田分谷限到三年滿銀到歸贖二比不得返悔異言倘有異
言乎中人面承當今恐口無憑立出佃秋田一紙為據存照

當憑中證人羅啟明 押 受中禮一元

依口代筆人鄧瑞廷 受筆銀一半元

中華民國二十一年六月初六日 羅吉安立佃字

20.廖奶断卖荒山熟土契（民国四年四月十五日）

立出断卖荒山熟土文契人那盘寨廖奶，今因无钱使用，只得就将祖遗留之业，坐落地名唤牛□那盘贝（背）后土，廖奶托卖，折与拱怀[1]寨黄卜年名下，授过断卖价铜钱贰拾斤整。其钱当凭言定，亲手接明应用，并无尾欠分厘。自断卖之后，恁（任）从钱主耕种，世代子孙永远管业，高山滚石，永不回头，日后房族不得争论异言，阴阳二侧在内。今恐口无凭，立出断卖荒山乙纸存照为据。

当凭中人　骆卜汉押

骆卜有胜押

骆卜现押

受钱斤半　乙共

代笔人　班文贵　钱乙斤

中华民国四年四月十五日　立字

【注释】

[1] 拱怀，hongs faaiz[xoŋ^{33} fɑːi^{11}]，寨名。

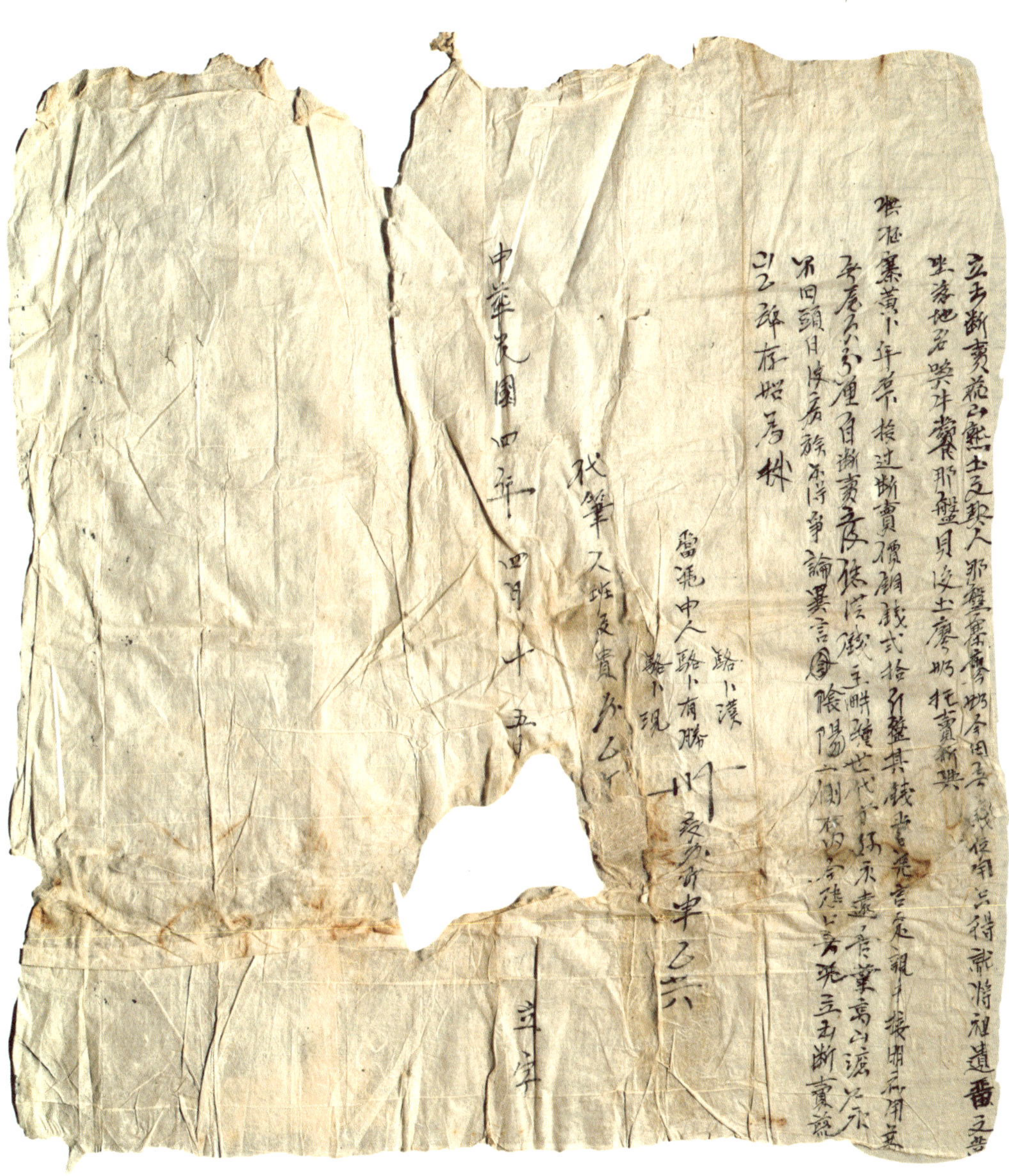

21.骆卜哀断卖地屋基字（民国十八年三月二十日）

立出断卖地屋基字人那交寨骆卜哀，今为因家下贫寒无处办，只得父子商议，愿将自己祖父之私业，坐落名问（唤）屋基，上抵坎，下抵坎，左抵坎，右抵坎惟（为）界，脚踏手指，至（四）界分［明］，先仅（尽）房族，无人承领，只得请凭中证人上门立出断卖与下那交寨罗阿房名下承授（受），永远管业。特授（受）买价洋银拾贰个中元整。当凭席尚（上）乙戥交清，实银实契，银契两交，并无贺（货）[2] 物准拆（折）。自断卖之后，犹为高山滚十（石），永［不］得转；水流东海，永远不回头，自（世）代子孙管是为业，恁（任）从买主投税过割，系至二比心干（甘）异（意）愿，其有中间不得押逼等情，日后有力不能赎，无是不能家（加）补。今恐人心不古，特立断卖付与执照为据。

合口　房族凭中　黄春廷　同先（仙）小钱二十过（个）
画字中　骆登科　同先（仙）小钱二十过（个）
代笔人　罗登云　同仙二十过（个）
忠
民国十八年三月廿日　立断卖字实

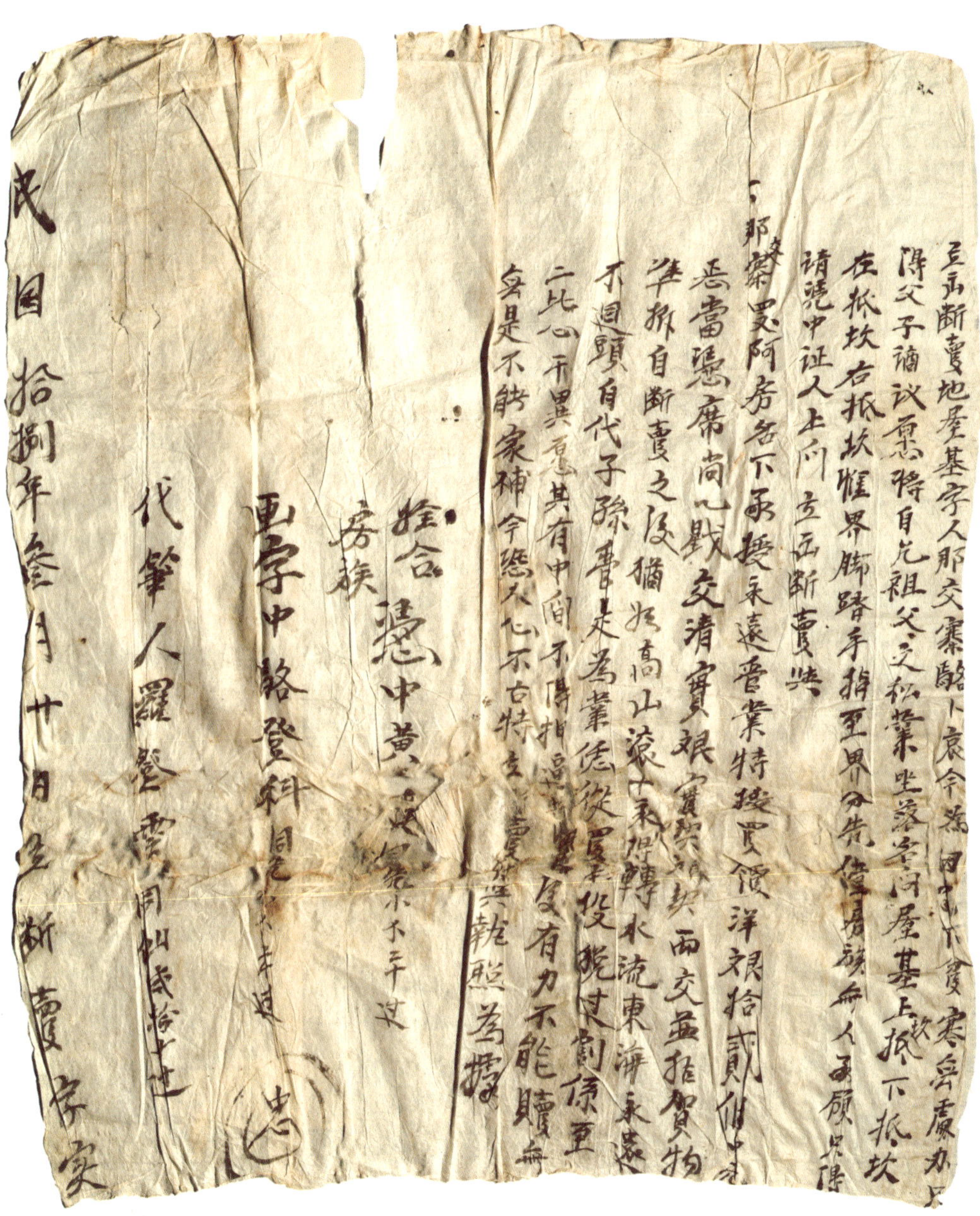
立出断卖地屋基字人那交寨路卜袁今為因[illegible]下贫寒無處办[illegible]
得父子商议意愿将自己祖父之私業坐落寨阁屋基上抵下抵坎
左抵坎右抵坎惟界脚踏手指至界分清[illegible]请族無人承顾只得
请凭中证人上门立出断卖與
那交寨罗阿房名下承接永远管業特接买價洋银拾貳[illegible]
當凭席尚心戥交清實银實契兩交並指貨物
准折自断卖之後猶如高山滚石永得轉水流東海永[illegible]
不回頭自代子孫管走為業凭從買業役税过割係至
二比心甘異意其有中間不得指[illegible]有力不能贖無
身是不能家補今恐人心不古特立[illegible]卖契與執照為據
姪合 凭中黄[illegible]
房族
亞字中路登科[illegible]
代筆人羅登雲[illegible]
民国拾捌年叁月十日立断卖字实

22.黄春兰绝卖水碾字（公元一九五五年五月二十五日）

具立绝卖水碾字人第四组黄春兰，情因年老力弱，而正用无钱，特父子讨论，愿将前年所接得孔怀罗起联份下水碾壹股，□天央请中证人上门，绝卖以（与）本纳交寨罗起渊、罗起周兄弟二人。即日当凭三面议决价值原数额滇洋捌拾个新币贰拾肆圆正。其数当凭三面交清，致无少欠分角。绝卖后，其架水碾一共五家建修，有风簸壹个、大秤壹把，由银主站（占）一份□□，属户共修共理，有利自获，无利不悔，失主不能外生枝节。此系两愿，至非逼迫成交，倘有等情，向中［证］人一力负责。欲后有凭，便立此绝卖字乙纸付以得主手执为据。

中证人　鄂玉光手印

得主　罗起渊　罗起周

失主　黄春兰　罗起美手印

代字人　岑国器印章

公元一九五五年五月念（廿）五日　具

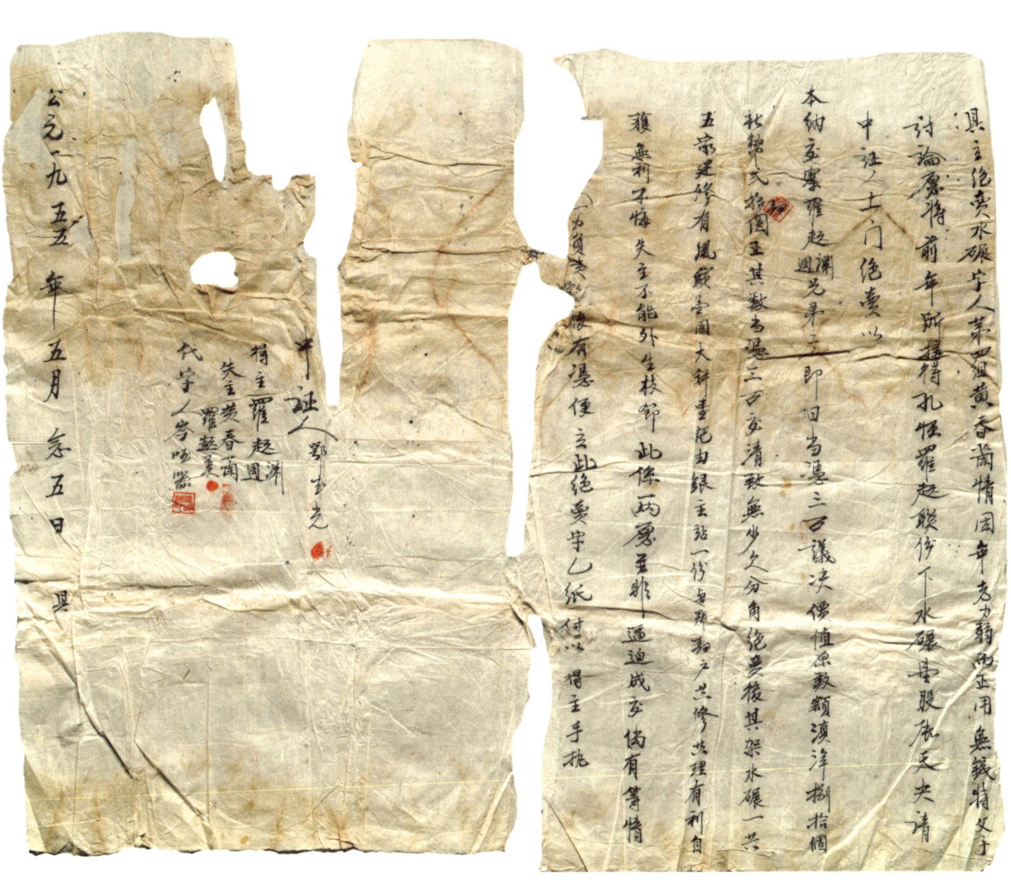

具立绝卖水碾字人萧四姐黄香蘭情因年老力弱而正用無钱特父子
討論愿将前年所接得孔姓羅超般修下水碾壹股凭天央請
中证人上门绝卖以
本纳交寨羅超圓兄弟二人 即日当凭三面議决價值原數額滇洋捌拾個
秋鸫弍拾圓正其数当凭三面交清致無少欠分角绝卖後其架水碾一共
五宗建修有風錢壹圓大部壹兜由银主站一份自耕户共修共理有利自
雜無利不悔失主不能外生枝节此係两愿並非逼迫成交倘有等情
一力負责恐口無凭便立此绝卖字乙纸付以得主手执

中证人 鄧玉光

得主 羅超淵 羅超圓

失主 黄香蘭 羅超蓁

代字人 岑啸崇

公元一九五五年五月念五日 具

23.向华贤断左换字（公元一九五四年四月初六日）

具立断卖左焕（换）字人大营上向华贤，为因耕种不方便，只得夫妻商议，愿将祖父之业，座（坐）落地名纳盘[1]当门田，堰沟坎上叁块田，堰坎觉（脚）拾壹丘，壹共拾肆丘，今堰坎上的水过向姓的田，出谷叁挑半，计种斤半，今凭中人，上抵向姓，下抵吴姓，左抵田、罗二姓，右抵大路直下，凭中脚踏手指，四界分明，清（亲）自请凭中上门左焕（换）与纳交寨罗启渊名下承受为业。即日三面议定凭其田整，罗姓子孙永远管业，二比双方同意，今有向华贤壹草壹木不能留，与后不得反悔异言，有房族人等不得前来言论，有力不能逑（求）取，无力不能加补，有化（画）字向姓于面包清，并不得压迫等。自左之后，罗姓下田耕种，收租作利，由（犹）如黄花罪（坠）地，永不福（复）生，二面不得反悔，若有反悔，有凭中乙力承耽（担）。今恐人心不古，特立左字为据。

凭胞弟　向华居手印　受银肆千元

凭族人　向华彩手印　受银肆千元

依口代笔　杨祖明印章　受银伍千元

公元壹玖伍肆年四月初六日　向华贤　立字是实

【注释】

[1] 纳盘，naz baanz[nɑ¹¹ pɑːn¹¹]，寨名。

向華貴

立断賣左字人大營上向華貴為因耕種不方便只得夫妻商議願
將祖父之業坐落地名納盤當門田堰溝坎上叁塊田堰坎覺捨壹坵壹共捨肆坵今
堰坎上的水过向姓的田出谷叁挑半計種斤半今凭中踩明抵向姓下抵吴姓左
抵田羅二姓右抵大路直下凭中脚踏手指四界分明清白請凭中上门左賣
與
納交寨羅啟淵名下承受為業即日三面議定凭交其田整羅姓子孫永遠管業二比双
方同意今有向華貴壹草壹木不能留與後不得反悔異言有房族人等不
得前来言論有力不能述取無力不能加補有此字向姓於面包清並不得推迫等
自立之後羅姓下田耕種收租作利由如黄花罪地永不福生土面不得反悔若有反
悔有凭中乙力承耽今恐口人心不古特立左字為据

凭胞弟　向華居　受银肆仟元

凭族人　向華彩　受银肆仟元

依口代筆　楊祖明　受银五仟元

公元壹玖伍肆年　四月　初六日　向華貴立字是实

24.廖乜冬争断卖屋基园圃契（时间不详）

立出过断卖屋基园圃文契人那盘寨廖乜冬争[1]

立出过断卖园圃屋基文契人那盘寨廖奶做未[2]转，其无钱安埋，廖乜东生[3]房下永卖急用，只得凭中上门来，当众立卖柱子那盘园圃屋基，名唤弄照[4]土二乙福（幅）、章宰[5]土一福（幅），一共三福（幅），脚踏手指，四界分明，情愿请凭众老义（议）定上门，出卖与本寨骆甫现名下。管过断卖价值铜钱陆拾斤整。其当凭言定，廖姓亲手领明应用，并无尾欠分厘。自断卖之后，恁（任）买主耕种，世代子孙管业，高山滚石，永不回头，内有故日后房族不得前来争论，倘有反悔异言。今恐口无凭，立卖断山园屋基乙纸为据。

当凭中人　骆甫汉
　　　　　鄂中辑
　　　　　罗甫爱今
　　　　　鄂甫荣
乙共受钱三斤　押
依口代笔人　班文贵　受钱三斤押

【注释】

[1] 重复原因不详，录文仍保留以备查考。

[2] 廖奶做未，人名，廖，姓；做未，jul woil[tɕu^{24} voi^{24}]，小孩名。

[3] 廖乜东生，人名，乜，meeh[me^{33}]，对母亲的称呼；东生，小孩名。

[4] 弄照，ndongl xaauz[ʔdoŋ^{24} ɕaːu^{11}]，地名。

[5] 章宰，naangh saic[naːŋ^{33} sai^{53}]，地名。

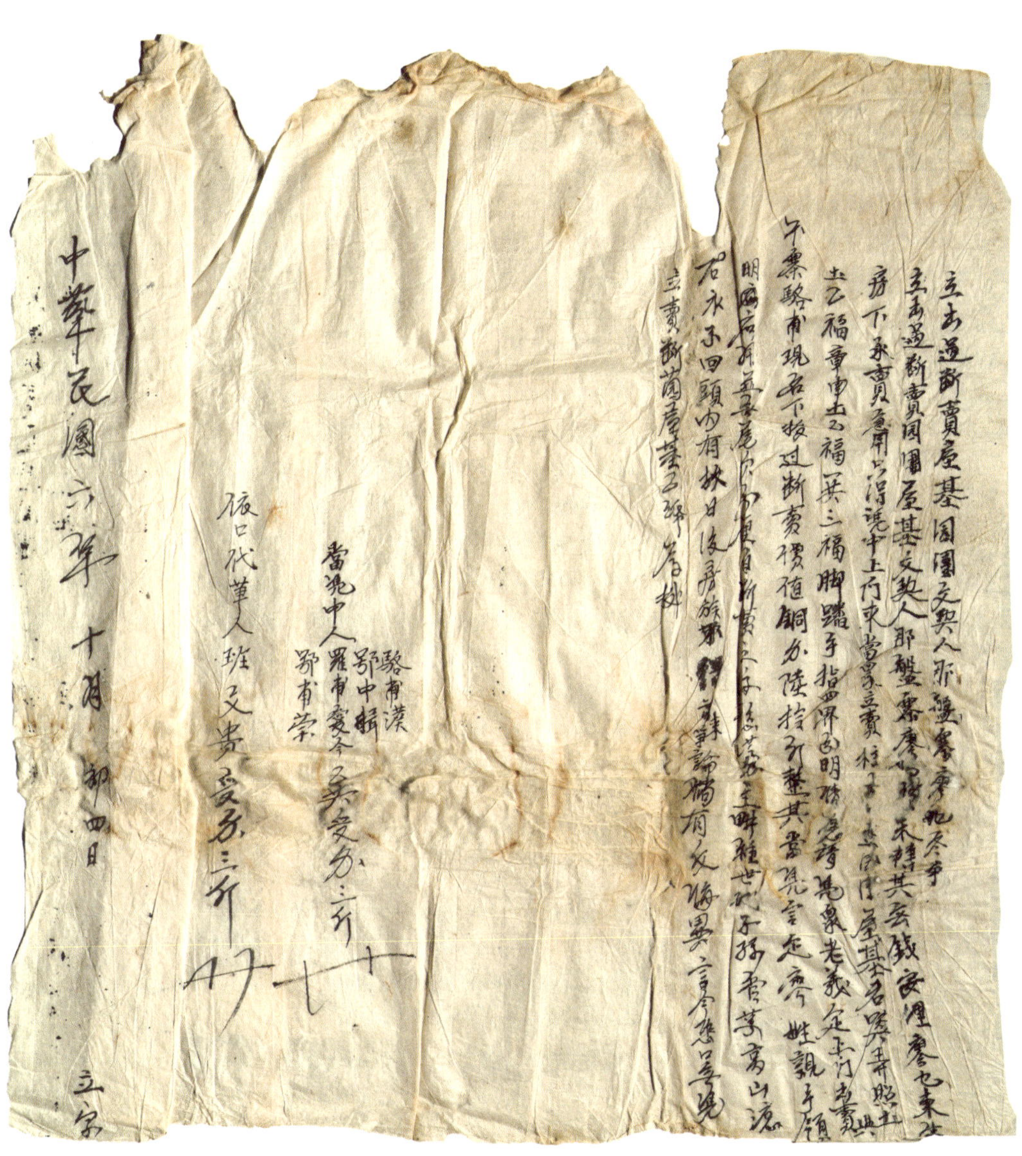

立出道断賣屋基園圃文契人[illegible]

[illegible]

當憑中人 駱甫漢 [illegible]

依口代筆人班文贵

中華民國[illegible]年十月初四日

25.梁老四绝卖地基契（民国二年二月二十五日）

立出绝卖地基文契人纳交寨梁老四，情因子梁阿科外奔他乡，自思年迈，日食难度，愿将祖遗之屋基一幅，四面有墙坎为界，下边出两台，当面凭中，脚踏手指，界现（限）分明，先问房族，无人承授（受），请凭中上门出字断卖与骆廷安名下永远为业。是日，当凭得受过卖，三面言定价值铜钱五十斤，天平秤整，亲手领明，左手交契，右手接钱，两下受授清白。自卖之后，任随买主修造屋宇，代代子孙，永远管业，黄坭（泥）黑土颗石，路从槽门[1]进内等弊，卖主不留一物，至于卖主子孙房族人等，已在未在、已生已（未）生，不能一人返（反）悔异言，争长道短，一清百清，倘有来立（历）不明，惟在卖主一力承耽（担），不干买主之事。此系二比情愿，并无追悔。今恐人心不古，立出永远断卖地基一纸，永远存照为据。

挎服人　罗登连　受钱一斤
凭中人　鄂登品　鄂阿流　各受钱一斤
代笔人　韦斗光　受钱斤半
中华民国二年二月二十五日立卖是实

【注释】

[1] 槽门，中国的一种古建筑，其形状有如祠堂牌楼前中间为过道的门洞。在古代，民间修建槽门的大多是名门望族、诗书之家。

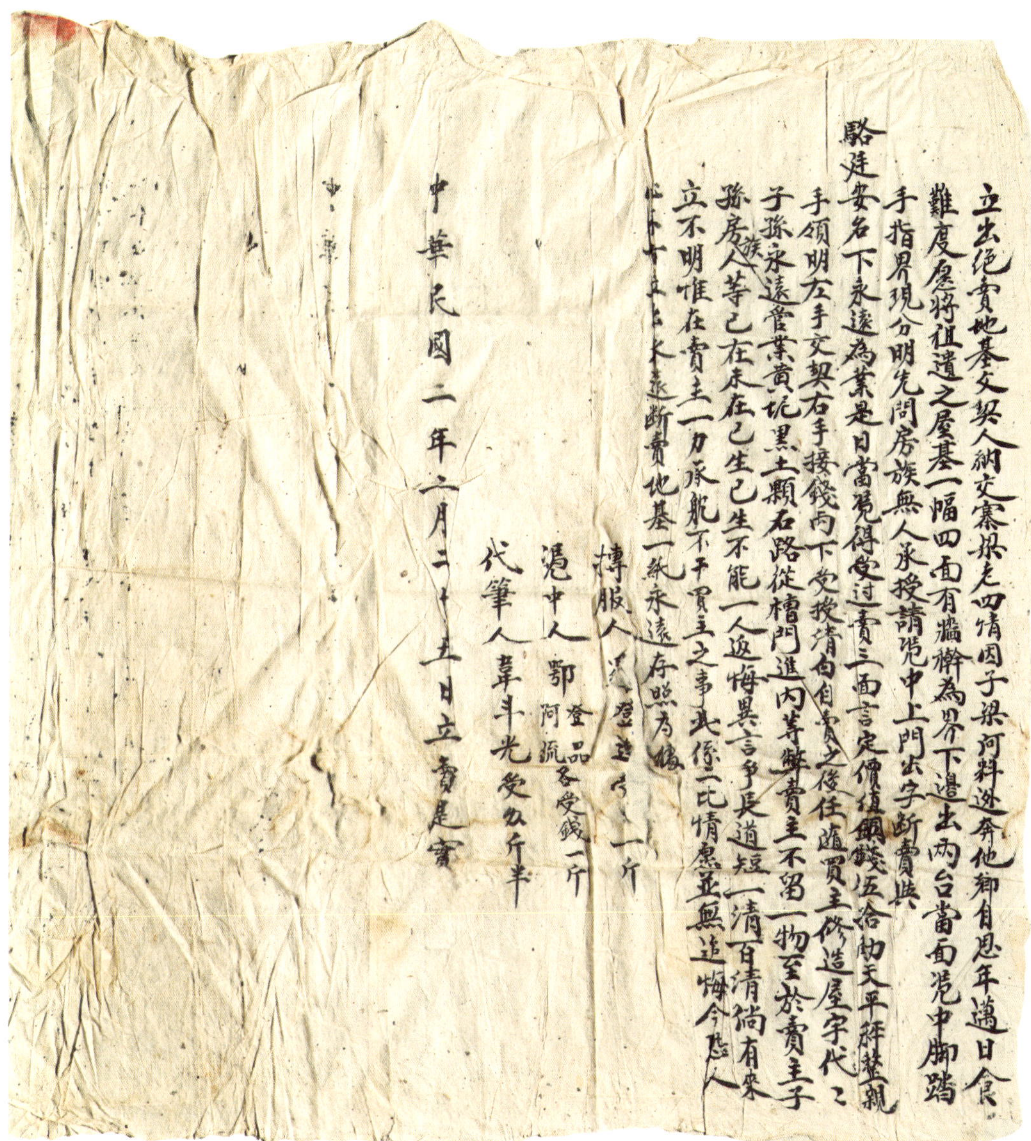

立出绝賣地基文契人納交寨梁老四情因子梁阿料逃奔他鄉自思年邁日食
難度處將祖遺之屋基一幅四面有牆壁為界下邊出兩台當面憑中脚踏
手指界現分明先問房族無人承授請憑中上門出字斷賣與
駱廷安名下永遠為業是日當憑得受过賣三面言定價值銅錢伍拾勒天平秤整親
手領明左手交契右手接錢內下受授清白自賣之後任隨買主修造屋宇代代
子孫永遠管業賣坭黑土顆石路從槽門進內等弊賣主不留一物至於賣主子
孫房族人等已在未在已生未生不能一人返悔異言爭長道短一清百清倘有來
立不明惟在賣主一力承耽不干買主之事此係二比情愿並無追悔今恐人
心不古立出永遠斷賣地基一紙永遠存照為據

博服人 梁登達 一斤
憑中人 鄧登品 阿流 各受錢一斤
代筆人 韋斗光 受[illegible]斤半

中華民國二年二月二十五日立 賣是實

26.鄂玉光当私水田契（公元一九五〇年十一月二十八日）

立出当私水田文契人纳交寨鄂玉光，为因口食不肤（敷），难以度日，只得夫妻商议，将愿（原）祖父遗下之私业，坐落田名纳堂[1]田，大小肆丘，谷种叁斤，上抵罗姓，下抵罗姓，左齐罗姓，右齐本当，[脚]踏手指，四面分明，自愿请凭中人登门，出当与本村罗大奶，愿授为业。授过当价袁光贰拾肆块整。其银亲手接明，归家应用，不得返（反）悔诣（异）言。自当之后，任随耕种，不甘（干）买主之事，尚（倘）有卖主有诣（异），争论多端，有房族凭中人乙力承耽（担）。今恐口无凭，人心不一，故立当字乙纸付与为据。

寨老人　罗女（汝）廷　半斤押
凭中人　鄂云蛟　壹斤押
凭中人　鄂云庆　壹斤押
依口代[笔]人　鄂云斋　壹斤押
中华民国三十九年（一九五〇年）冬月二十八日　立

【注释】

[1] 纳堂，naz daangs[nɑ^{11} tɑːŋ^{35}]，田名。

立出當私水田文契人納交寨鄧玉光為因口食不會難以度日只得
夫妻議議將頭祖父遺下私業坐落田名納堂田大小肆坵穀種叁斤上抵羅
姓 下抵羅姓 左齊羅姓 右齊本當 踏手指四面分明自願請憑中人
登門出當與
本村羅大奶頭授為業授過價價袁光貳拾肆塊整其銀親手授明歸家
應用不得返悔諂言自當之後任隨耕種不甘買主之事尚有賣主有
諂爭論多端有房族憑中人一力承躭今恐口無憑心不一故立當字
乙紙付與為據

寨老 羅安廷 筆了 ×
憑中人 鄧玉蛟 壹了 ×
憑中人 鄧本慶 壹了 ×
依口代人 鄧[illegible][illegible] 壹了 ×

中華民國三十九年冬月二十八日 立

纳交寨鄂启科家藏文书

27.杨龙老四当水田契（咸丰元年十一月二十六日）

立当水田文契人林官[1]村杨龙老四，今因账目追急，无银用度，无处出办，弟兄商义（议），自将祖田坐落地名纳[2]某田，大小五丘，先问房族，无人接手，自请凭中上门，出当到交汪[3]山银主罗宗才名下，看田如意，恳（肯）出田价玖□银色捌拾两整。即日亲手领明应用，其田任从银主上庄耕种，收花管业。自当之后，不限远近，三年以满，若是田主赎去，银到田回。二比情愿，不得反悔异言，若有异言反悔者，说论任在凭中承当。今恐人心不古，立出当契乙纸存照为据。

凭中人　杨　若

代笔人　杨金隆

咸丰元年冬月廿六日　立当契字

同治五年十月二十九日，杨安加补田价九八银色拾九两正。即日清（亲）手领明应用。

代笔人　杨贵林

光绪拾柒年腊月拾柒日，凌关村杨甫韦……用银叁两整。亲手……定。二比情愿。又之无加无甫（补），无钱粮，无彩（采）买，是事无有。

族凭中人　杨□□

代笔人　杨秀光

民国乙卯四年十月廿八日，田主杨元□加补花银肆块大元正。亲手领明。不限远近，限定五年，不敢反悔，立字为据。

凭中人　杨□□

代笔人　杨秀荣

民国五年九月初九日，杨保又来加到罗有花银贰拾蒯（块）大元正。亲手领明为据，又限四年处之。

凭中　杨玉□

代笔人　杨秀荣

民国七年十月十八日，林关田主杨保加补到罗有花银叁拾贰大元正。亲手领清白，自加之后，限过拾年以满为据。

中人　杨玉　受银一毛

代笔人　冯润卿　受银一毛

【注释】

[1] 林官，ric gonl[zi^{53} kon^{24}]，村名，下文中“凌关”“林关”同。

[2] 纳，naz[$nɑ^{11}$]，“田”的意思。

[3] 交汪，jauc weanz[$tɕɑu^{53}$ $vwːŋ^{11}$]，地名。

立當水田文契人林官村楊龍老四，今因服目追急，無銀用度，無處出办，弟兄講義，自將祖田坐落地名納某田大小五坵，先問房族，無人接手，自請憑中上門出當到交汪山銀主羅宗才名下，看田如意，恳出田價九[illegible]銀色捌拾兩整，即日親手領明應用。其田任從銀主上庄耕種，收花管業，自當[illegible]。不限遠近，三年以滿，若是田主贖去，銀到田迴。二比情願，不得反悔異言，若有異言反悔者，既論任在憑中承當。今恐人心不古，立出當契乙紙存照為據。

同治五年十月二十九日楊安加補田價九八銀色拾九兩正，即日親手領明應用。代筆人楊貴林

民国乙卯四年十月廿八日田主楊元[illegible]加補花銀肆塊大元正，親手領明，不限遠近，限底五年，不敢反悔，立字為拠。中人楊[illegible] 代筆人馮潤卿

民國七年十月十八日林關田主楊保加補到羅有花銀叁拾貳大元正，親手領清，自加之後，限過拾年以滿為據。憑中人楊[illegible] 代筆楊秀榮

憑中人楊若

代筆人楊金隆

光緒拾柒年朔月拾柒日凌[illegible]村楊甫[illegible]……銀……叁兩整，親[illegible]……定二比情願，又之無加無甫無錢粮無彩買是事無有。族[illegible]中人[illegible] 代筆人楊秀[illegible]

咸豐元年冬月廿六日 立當契字

民國五年九月初九日楊保又來加到羅有花銀貳拾捌大元正，親手領明為拠。憑中楊玉[illegible] 代筆人楊[illegible]榮

28.杨晒当田契（同治五年二月二十四日）

立当田文契人告用村[1]杨晒，今因无银急用，愿将祖业纳交更[2]田乙处托……李发明名下，当得九呈银叁拾肆两贰钱正。立契之日，一并交足。其田交与银主……不限远近，银到田回。恐口无凭，立文契一纸存照。

叩用杨界

保人　杨梅　银乙钱

代笔　蒙才彦　受银三钱

同治五年二月二十四日　立字

同治十［年］腊月廿日，加补田价九呈银拾壹两正。亲手领，二比情愿，不得反悔，今恐［无］凭，立加字存照。

凭人　杨梅

代笔　蒙创

民国九年二月二十五日，叩用村杨宝又来任主加补花银叁拾元正。

硬耽（担）保　杨生　授（受）银四毫

衣（依）口笔　李□亭　授（受）银四毫

【注释】

[1] 告用，gaul nyuangl[kɑu^{24} ɲ̥uːŋ^{24}]，原意为老鸦藤，此处指寨名。下文“叩用”，同。

[2] 纳交更，naz jauc genz[nɑ^{11} tɕɑu^{53} kɯn^{11}]，田名。

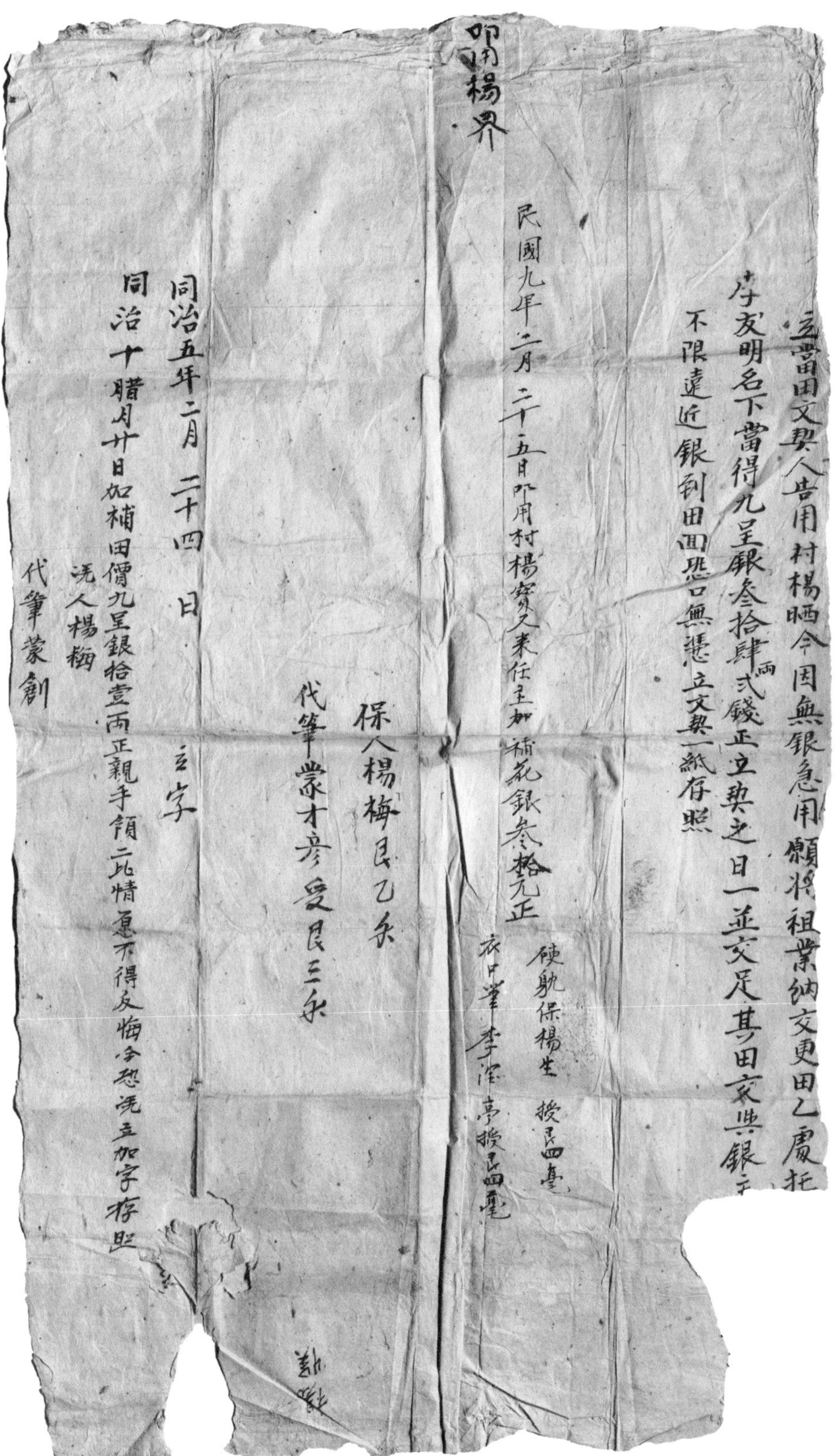

卯用楊界

立當田文契人告用村楊晒今因無銀急用願將祖業納交更田乙處托李友明名下當得九星銀叁拾肆兩弍錢正立契之日一並交足其田交與銀主不限遠近銀到田回恐口無憑立文契一紙存照

民國九年二月二十五日卯用村楊賓又來任主加補花銀叁拾元正

硬䏲保楊生 授艮四毫

依口筆李深亭授艮四毫

保人楊梅艮乙元

代筆蒙才彥受艮三元

同治五年二月二十四日 立字

同治十臘月廿日加補田價九星銀拾壹兩正親手領二此情愿不得反悔今恐凭立加字存照

凭人楊梅

代筆蒙創

29.杨捌当水田契（同治十年十一月二十八日）

立出当水田文契人告用村杨捌，为因家下无银使用，兄弟商议，自将祖业之田，坐落地名罢拉[1]田大小八丘，亲自请保上门，出当与交沙山[2]银主唐兴隆名下。看田如意，出价九五银色拾贰两本整。一面交清，三面言定，二比情愿，其田交与银主耕种收花，其田限至五年以［满］，银到田回，不得意（异）言反悔，若有意言反悔，任在保人乙力承当。恐口吾（无）凭，立出当字为据。

硬保人　杨乃

代笔人　罗昌贵

同治十年冬月二十八日　立字

光绪二年，告用村杨捌又来加甫（补）田价银陆两五钱。本自（次）加之后，无加无甫（补），不得意（异）言返（反）悔，如有悔者，自有保人乙力承当。今恐无凭，立出加字为据。

凭中代笔　罗昌贵

【注释】

[1] 罢拉，bas lah[pɑ^{35} lɑ^{33}]，地名。

[2] 交沙，jauc sal[tɕɑu^{53} sɑ^{24}]，寨名。

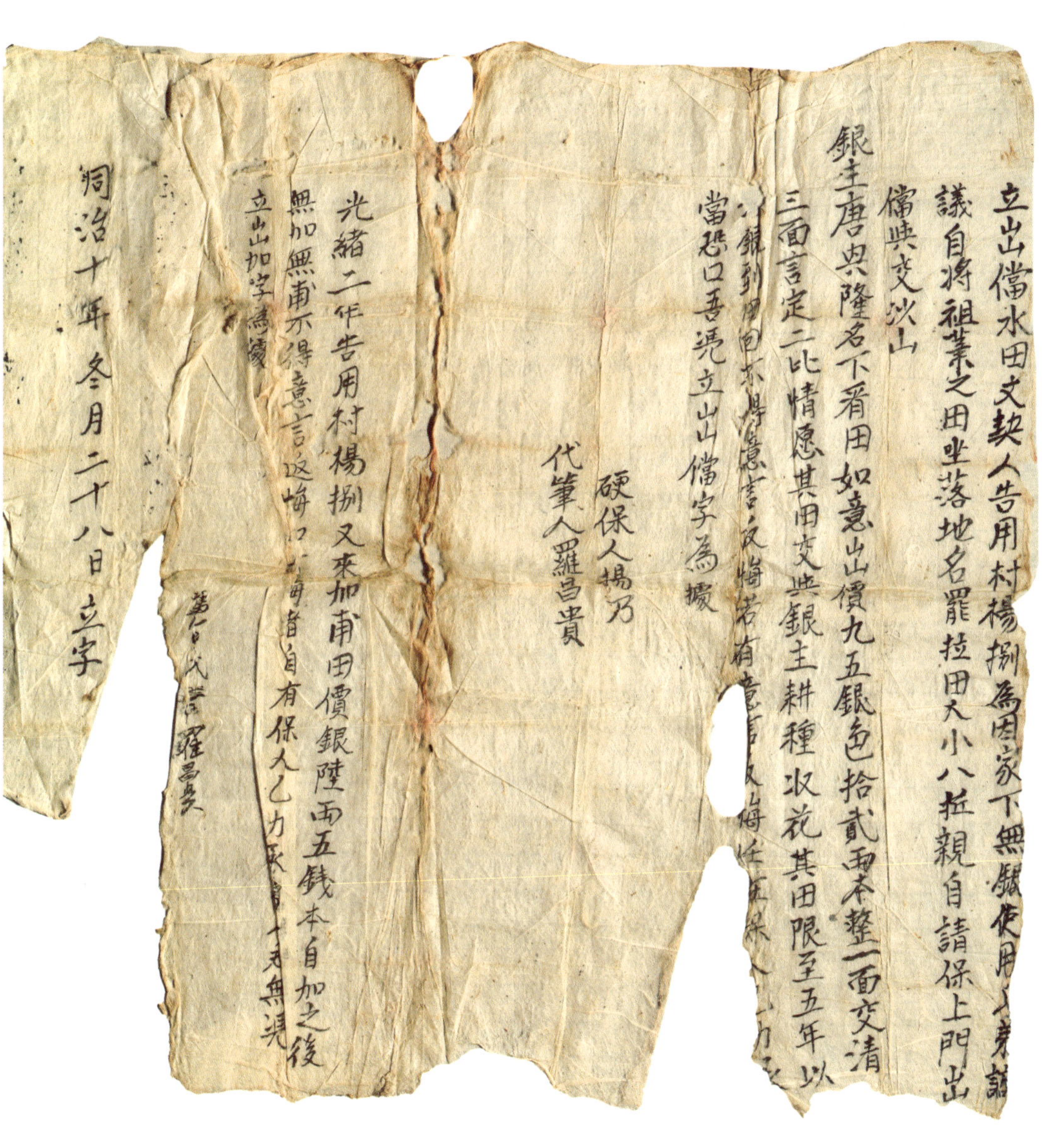

立山山儅水田文契人告用村楊捌爲因家下無銀使用[illegible]親諸
議自將祖業之田坐落地名罷拉田大小八拉親自請保上門出
儅與交汰山
銀主唐興隆名下肴田如意山山價九五銀色拾貳兩本整一面交清
三面言定二比情愿其田交與銀主耕種收花其田限至五年以
[illegible]銀到田回不得意言反悔若有意言反悔任從保人[illegible]
當恐口吾凴立山山儅字爲據
硬保人楊乃
代筆人羅昌貴
光緒二年告用村楊捌又來加甫田價銀陸兩五錢本自加之後
無加無甫不得意言返悔[illegible]自有保人乙力承當[illegible]無凴
立山山加字爲據
[illegible]代筆羅昌貴
同治十年冬月二十八日立字

30.王班当水田文契（宣统元年十二月十五日）

立出当水田文契人纳必[1]村王班，为今家中急用，无处出办，自将祖父遗下之田，坐落地名纳也[2]田，大小乙共二十八丘，先问房族，无人承授（受），只得请凭中人上门，出当与桐梓林银主罗德昌名下。看田如意，承授（受）为业，三面言定当价罗平随市银色陆拾两正。亲手领，即日乙［并］戥交足，并无下欠分厘，其田交与银主耕种收花，限至拾贰［年］以满，银到田回，若无原银，任（仍）旧照纸管业。二比情愿，并无逼勒等情。恐口无凭，立当字为据。

凭族中人　王德刚　授银八钱

依口代笔人　冯世德　授银乙两二钱

宣统元年腊月十五日　立字契

民国元年冬月廿二日，纳必王班又来加补，纳也田价银贰拾贰块大元正，亲手领。

凭中　王德刚

代笔人　冯朝宽

美（每）人受银双毛

民国卯年冬月初十，王甫口当凭中人右（又）加补拾两正，当凭中人上门加到。

凭中代笔人　王甫宣[3]

民国二年腊月十四日，王甫右当凭中人右（又）加补拾两正，当凭言定日后永世无补连（加）。

凭中　王德刚

代笔人　王甫宣

【注释】

[1] 纳必，naz bigt[nɑ^{11} pik^{35}]，田名。

[2] 纳也，naz yeaz[nɑ^{11} jwə^{11}]，地名。

[3] 甫宣，boh xuanh[po^{33} ɕuɑn^{33}]，人名。

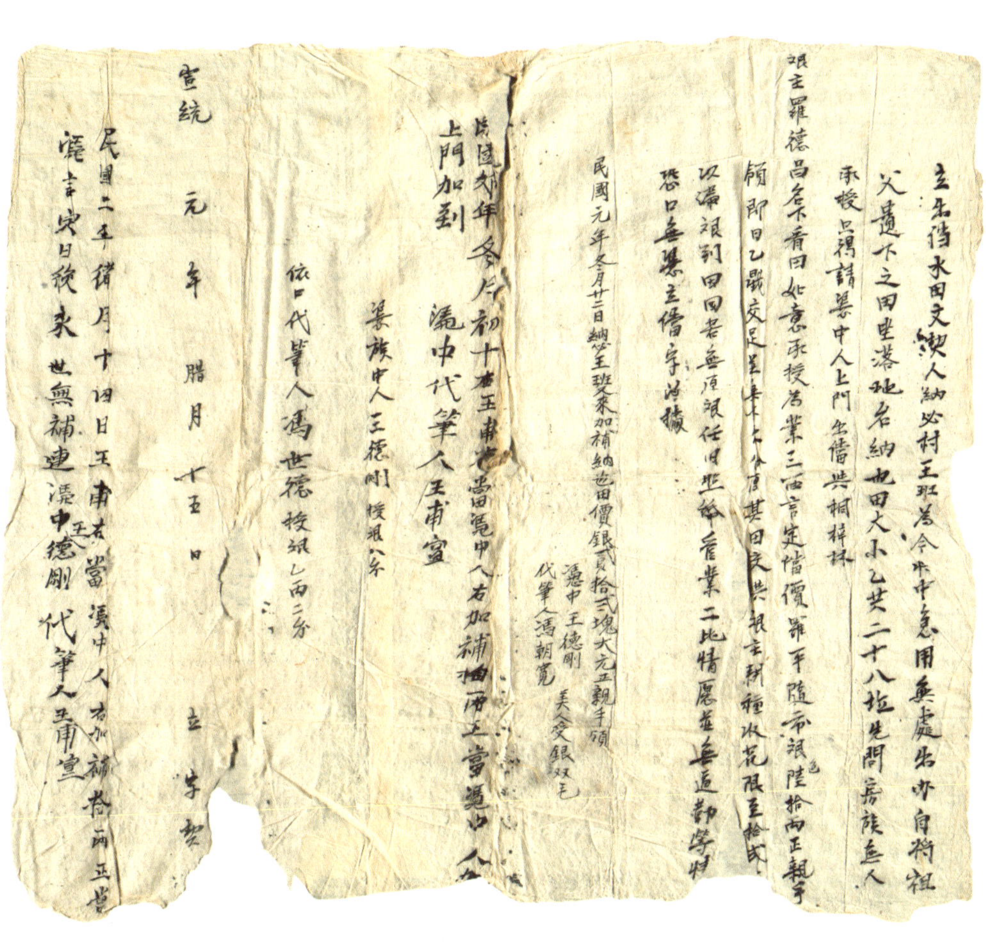

立出借水田文契人納必村王班為今要中急用無處出亦自將祖
父遺下之田坐落地名納也田大小乙共二十八坵先問房族無人
承授只得請憑中人上門出借與桐梓林
艮主羅德昌名下承田如意承授為業三面言定借價羅平隨市銀陸拾兩正親手
領即日乙戥交足並無[illegible]其田交與艮主耕種收花限至拾弐
以滿艮到田回若無原艮任從艮主管業二比情愿並無逼勒等情
恐口無憑立借字為據
民國元年冬月廿三日納必王斑來加補納也田價銀弐拾弐塊大元正親手領
憑中王德剛　美人受銀双毛
代筆人馮朝寬
民國弐年冬月初十日王甫宣當田憑中人右加補拾両正當憑中人[illegible]
上門加到　憑中代筆人王甫宣
姜族中人王德剛　授銀八分
依口代筆人馮世德　授銀乙両二分
宣統　元　年　臘月　十五　日　立　字　契
民國二年臘月十四日王甫宣當憑中人右加補拾兩正當
憑言定日後來世無補連　憑中王德剛　代筆人王甫宣

31.莫世明当水田契（民国八年十二月十七日）

立当水田文契字人尧何村莫世明，兹因无银急用，兄弟［商议］……之田，坐落地名尧弯田，大小十二丘，请中人上门，当到桐［梓村］……银主罗永海名下。看田如意，当价……正。亲手领，交清明白。其田交与……。今［恐］口无凭，立当字［为］据。

凭［中人］　……
亲手代笔人　……
民国八年腊月十七［日］　立字

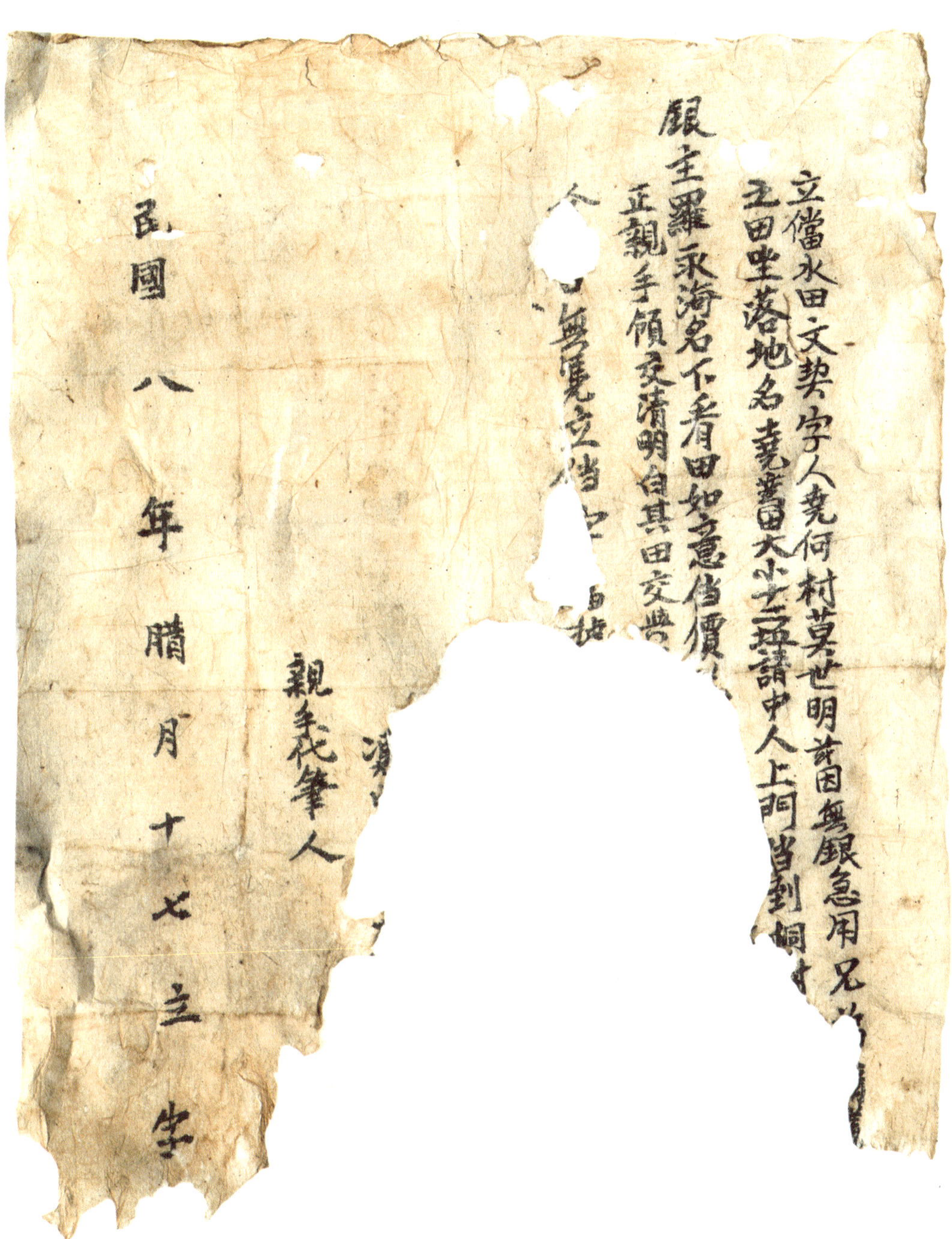

立當水田文契字人堯何村莫世明茲因無銀急用兄弟[illegible]
五田坐落地名堯[illegible]田大小十二坵請中人上門当到[illegible]
銀主羅永海名下看田如意当價[illegible]
正親手領交清明白其田交当[illegible]
今[illegible]口無憑立当[illegible]
[illegible]
親手花筆人
民國八年臘月十七立字

32.杨三、吴正祥、杨老喜等退回山场凭据（民国二十五年闰三月十八日）

立出凭据字人系党隘[1]村属下八沙[2]寨杨三、交垚[3]山吴正祥、杨老喜、徐顺堂等，情因□□□□，杨姓当与老祖公之山场壹幅，业经数载，自古至今，三姓人共买之山场，尚未有分关之字，迄今罗永华请托原主杨姓向问吴、徐、杨三姓允送老祖之山场乙段，以架作壹穴之阴地，地名土地凹，然后徐、杨二姓因不得钱自肥等语，二比争讼，相控列所，今当本村公所，当面三方说合，代为分断清白。故与吴正祥、杨三、杨喜、徐顺堂四系凭原主退回山场乙段，与罗永华以作阴地，当中作价小洋壹拾壹元正。此山宽长横直，定叁又贰，连坟同寨，四侧分明，上下左右罗姓，后代子孙不敢争占，立契之日，永不□翻，中间不冒，二比心甘意愿，不得压迫等情。倘后如有异说等弊，自有在场之人，故立凭据字，付与罗姓永远执照为证。

中证人甲长　鄂桂林　莫海清

见证人　韦天福　并笔　受银乙元　李恒让

中华民国廿五年又三月十八日　立字

【注释】

[1] 党隘，bux ngaic[pu^{31} ŋɑi^{53}]，寨名。

[2] 八沙，bas sas[pɑ^{35} sɑ^{35}]，寨名。

[3] 交垚，jauc yaauz[tɕɑu^{53} jɑːu^{11}]，寨名。

立出凭批字人係党臨村属下小沙寨楊三元吳正祥楊老喜徐順堂等情因之楊姓備典老祖公之山場壹塊業經數載自古至今三姓人共買之山場尚未有分開之字迄今羅永華請托原主楊姓向問吳徐楊三姓允送老祖之山場乙段以葬作壹穴之陰地地名土地凹茲因徐楊二姓因不得家有肥瘠二比爭執相控到所今当本村公所為面三方說合代為分斷清白故典吳正祥楊三楊喜徐順堂四係凭原主退回山場乙段與羅永華以作陰地當中作樣小洋壹拾壹元正此山寬長橫直定叁丈式連坟同寨四側分明上下左右羅姓後代子孫不敢爭栢立契之日永不包翻中間不客二比心甘意願不得壓迫等情倘後如有異說等弊自有在場之人故立凭批字付與羅姓永遠執照為據

中證人甲長 鄂桂林 莫海清

見證人 韋天福 李恒讓

並筆 吳良乙元

中華民國卅五年又三月十八日 立字

33.黄老备绝卖田契（民国四年四月十一日）

立绝卖田文契字人本寨黄老备，为因家下寒……将祖父遗留之田，坐落地名纳界[1]，大小七丘，出……请凭中房族人上门，出卖与本寨黄平仁名下为业。即日双方议定价花银……整。亲手领明应用，任从买主子孙永远［管业］。……有力不得赎取，无力不能加补，此系……承耽（担）。今恐口无凭，立绝卖字为据。

凭中人　黄打□　陆甫双[2]　受银□□

代　笔　陆□□

中华民国四年四月十一日　立□

【注释】

[1] 纳界，naz gail[nɑ¹¹ kɑi²⁴]，地名。

[2] 甫双，boh xuangh[po³⁵ ɕuɑŋ³³]，人名。

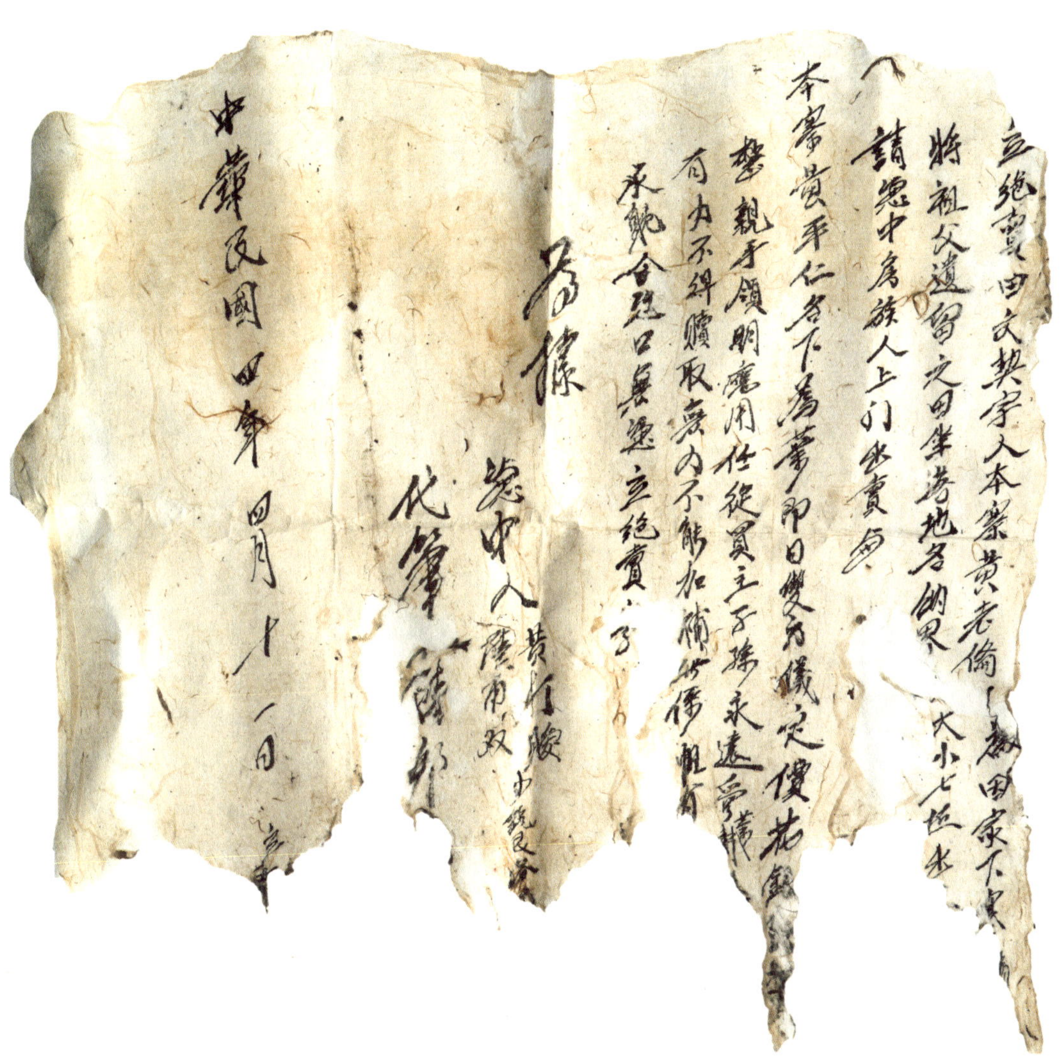

立绝賣田文契字人本寨黄老倫為因家下要[illegible]
將祖父遺留之田坐落地名納界 大小七坵 水[illegible]
請憑中房族人上門出賣與
本寨黄平仁名下為業即日憑中議定價花銀[illegible]
整親手領明應用任從買主子孫永遠管業
有內不得贖取異內不能加補恐後無有
永遠合照口無憑立絶賣字
為據

憑中人 黄仕駿 陳甫双 少魏良[illegible]

代筆 譚[illegible]

中華民國四年 四月十一日 立

34.班根当水田契（民国三十年七月十四日）

立出当水田文契字人凌白寨班根，情因家下贫寒，无处办出，兄弟商议，只得愿将祖父之田，座（坐）落地名纳丸尧[1]田，大小八丘，出谷五挑，自请保人上门，当到告用寨银主罗永香门下。看田如意，应言出价花银随市伍块大圆光正。亲手领清，自即日三面言定，其田付与艮（银）主耕种，其田限到贰年取，银到田归。二比异（意）愿，日后不敢返（反）悔。如有悔者，任在保人乙力承当。恐口无凭，立出当字为证。

保人　班二　授中央银乙元

代笔　蒙安春　中央乙袁（元）

民国三十年七月十四日　立字

【注释】

[1] 纳丸尧，naz waanz yaaux[nɑ^{11} vɑːn^{11} jɑːu^{31}]，地名。

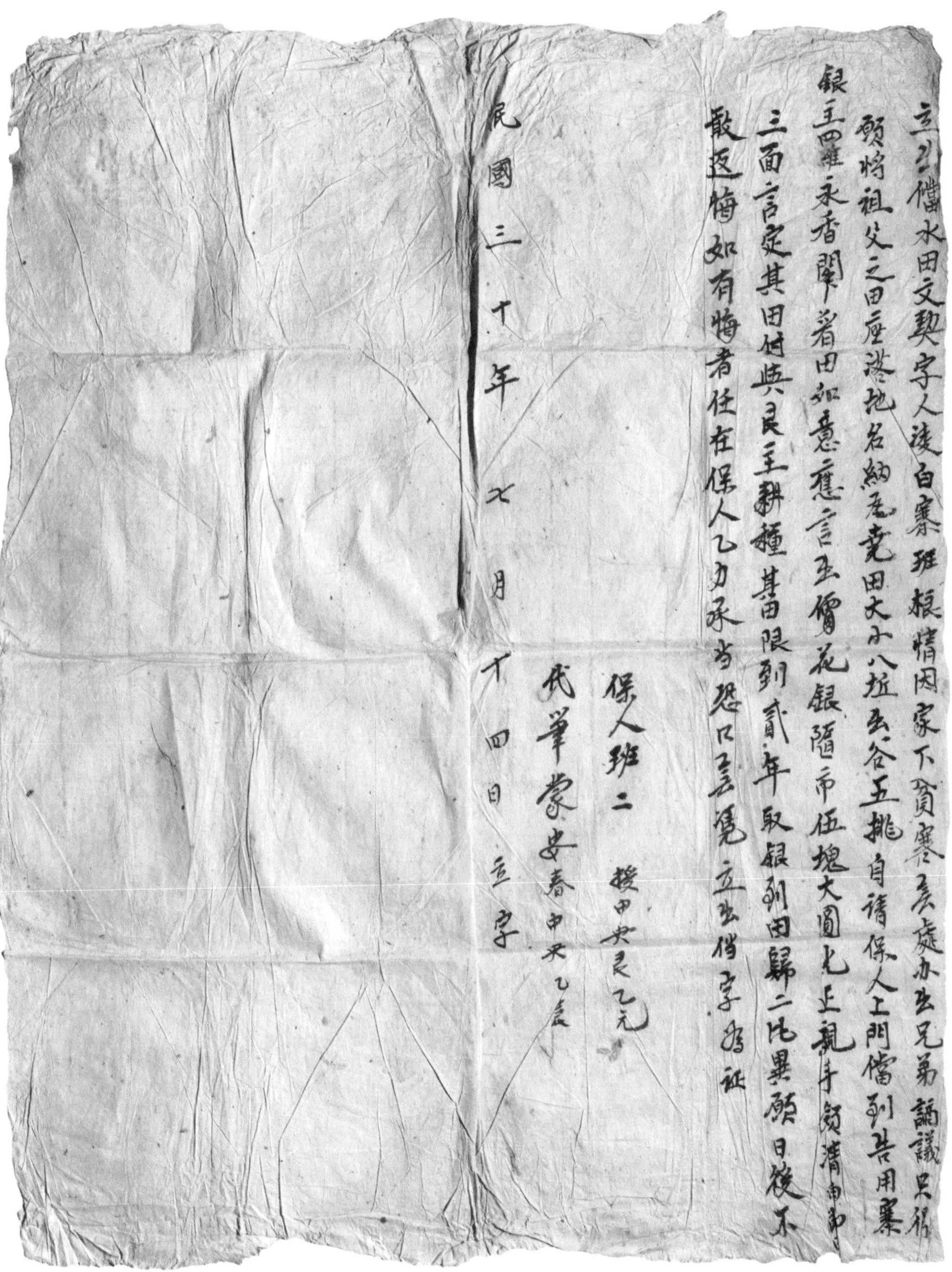

立出當水田文契字人陇白寨班粮情因家下貧寒無處亦出兄弟商議只得
領將祖父之田座落地名納尧竟田大小八坵出谷五挑自請保人上門當到岳用寨
銀主四維永香門首田如意應言出價花銀隨市伍塊大圓光正親手領清由用
三面言定其田付與艮主耕種其田限到貳年取銀到田歸二比異願日後不
敢返悔如有悔者任在保人乙力承當恐口無憑立出當字為証

保人班二　接甲央艮乙元

代筆蒙安春　申央乙辰

民國三十年七月十四日立字

35.王甫忍卖田契（民国三十年十二月九日）

［立］卖田文契字人怀亭王甫忍，今因无［银］急用，夫妻协仪（商议），得将祖留私田，坐落地名岜福田，大小三块，出谷陆挑，东抵沟，南抵河，西抵坡，北抵赵，四界分［明］，兄弟房族承苦，自请凭中上门，出卖与俸亭黄平仁名下为业。即日三面仪（议）定价，大洋玖拾园（元）整。亲手领银应用，交付分明，下田耕种，任从买主子孙永远为业，不得反悔异言，如有反悔，现有凭中乙力承耽（担）。今恐口无凭，立卖字为据。

凭中　王甫落[1]

元引　黄甫限[2]　受银各壹元

代笔　王光璧

中华民国卅年腊月九日　字

【注释】

[1] 甫落，boh loz[po^{33} lo^{11}]，人名。

[2] 甫限，boh xianl[po^{33} ɕiːn^{24}]，人名。

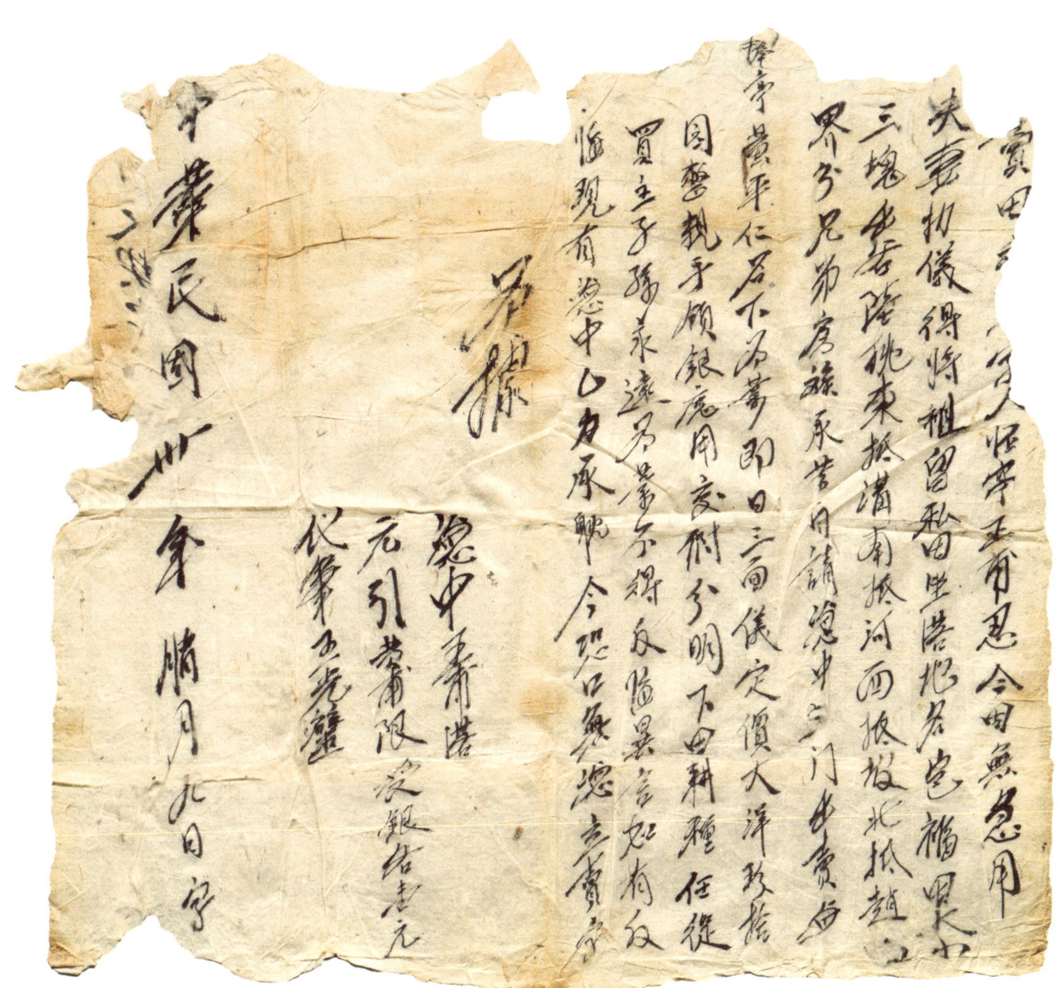
賣田字人侄宰王甫恩今因無急用
夫妻相議得將祖留私田坐落地名芭蒲眼大
三塊東至陸挑來抵溝南抵河西抵坡北抵趙
界分兄弟房族承者問請憑中上門出賣與
族弟嶺平仁名下承買為業即日三面議定價大洋玖拾
圓整親手領銀應用交樹分明下田耕種任從
買主子孫永遠為業不得反悔異言如有反
悔現有憑中乙力承擔今恐口無憑立賣字
為據
憑中王甫潛
元引黃甫限　合承銀結在元
代筆王光鑑
中華民國卅　年臘月九日字

36. 王甫闷当水田契（民国十九年二月十日）

立当水田文契字人系纳必[1]村王甫闷[2]，为因无［银］使用，自想本名下当得林丧那几[3]田，大小乙处，出谷拾八挑，请保上门，当到告用村银主罗安名下。看田合意，应言出价公崽肆拾肆元正，亲手领。三面言定其田交与银主耕种收禾，限定四年期满，银到田归。二比情愿，不得反悔异言，若有悔者，任在保人一力承当。恐口无凭，立字［为据］。

保人　王玄　授银四毛
依口代笔　李荣阶　授银四毛
中华民国拾玖年二月初十日　立字

【注释】

[1] 纳必，naz bigt[nɑ^{11} pik^{35}]，田名。

[2] 甫闷，boh menl[po^{33} mɯn^{24}]，人名。

[3] 那几，naz jic[nɑ^{11} tɕi^{53}]，田名。

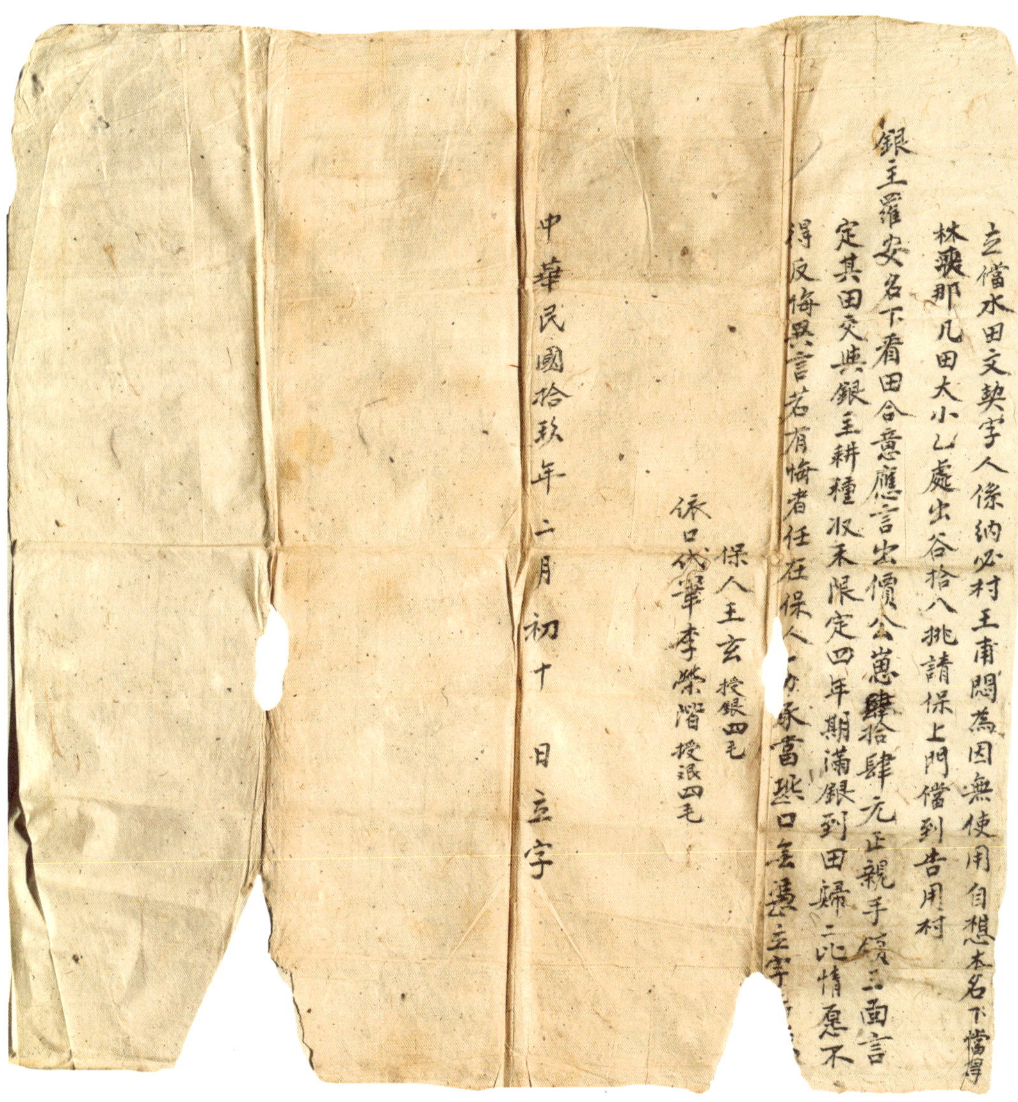

立當水田文契字人係納必村王甫闊為因無使用自想本名下當得
林乘那凡田大小山處出谷拾八挑請保上門當到吉用村
銀主羅安名下看田合意應言出價公崽肆拾肆元正親手領訖面言
定其田交典銀主耕種收禾限定四年期滿銀到田歸二比情愿不
得反悔異言若有悔者任在保人一力承當恐口無憑立字
保人王玄 授銀四毛
依口代筆李榮瑨 授銀四毛
中華民國拾玖年二月初十日立字

37. 杨保当水田契（民国五年十月初八日）

立出当水田文契人林关村杨保，为因无……，祖父之业，坐落地名纳埂[1]田，大小十六丘，请凭……山银主罗老爱名下。看田如意，应言受价花银拾七蒯（块）大元正。亲手领明，自……其田交……管业。其田恨（限）过四年之外，银到田归。二比情……，[不]得反悔异言。若有悔者，任在保人乙力承当。恐口[无凭]，立当字为据存照。

耽（担）保人　杨玉　受银乙元

代笔人　杨秀荣　受□□□

民国五年十月初八日

【注释】

[1] 纳埂，naz genz[nɑ^{11} kɯn^{11}]，地名。

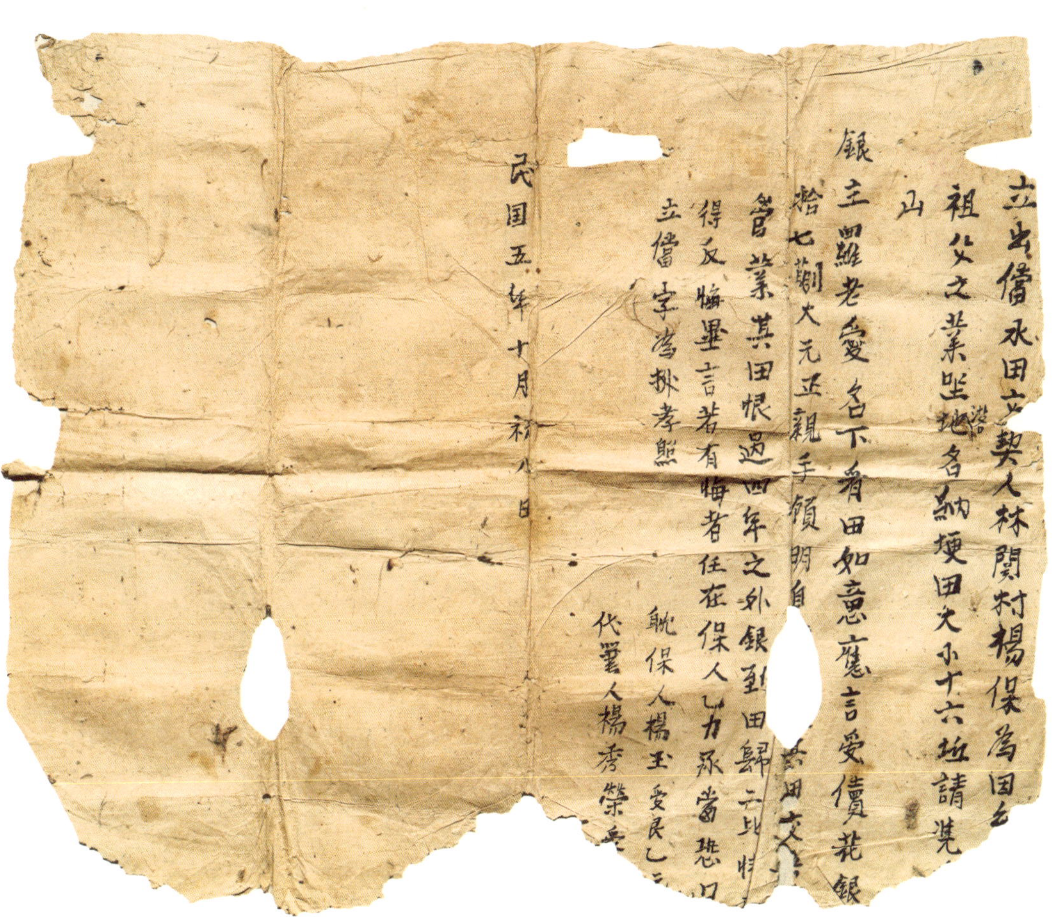

立出儅水田文契人林閔村楊保為因乏
祖父之業坐落地名納埂田大小十六坵請凭
山
銀主羅老愛名下看田如意憑言受價花銀
拾七兩大元正親手領明自當田文契
當業其田限過四年之外銀到田歸二比情
得反悔異言若有悔者任在保人一力承當恐口
立儅字為據存照
耽保人楊玉受艮乙
代筆人楊秀榮
民国五年十月初八日

38.王甫玉金绝卖私田契（民国二十三年十一月初一日）

立绝卖私田文契字人品乾[1]王甫玉金[2]，为因家下贫寒，日食难度，自愿将到祖遗之田，坐落地名纳马赖[3]田，大小十一丘，出谷十二挑，自请凭中房族人上门，出卖与下俸亭黄平仁名下为业。自日受买价□□□拾元正，亲手领明应用。即日三面议定，其……项，任从银主永远管业，万代□□，日后有力不得取赎，无力不敢加补，此系二比情愿，日后不敢反［悔］异言。如有者，惟有凭中人乙力承耽（担）。今恐口无凭，立绝卖字为据。

凭中人　罗甫种[4]　受银八毛元引
代笔　黄平经　受银六毛
民国廿三年冬月初一日　立绝卖字

【注释】

[1] 品乾，寨名。

[2] 甫玉金，boh yil jinh[po^{33} ji^{24} tɕin^{33}]，人名。

[3] 纳马赖，naz mac lail[nɑ^{11} mɑ^{53} lɑi^{24}]，田名。

[4] 甫种，boh jongl[po^{33} tɕoŋ^{24}]，人名。

立絕賣私田文契字人品乾王市玉金為因家下
貧寒日食难度自愿將到祖遺之田坐落地名納馬
賴田大小十一坵出谷十二挑自請憑中房族人上門出賣與
下侏亭黄平仁名下為業自日受買價[illegible]拾元正親手
領明[illegible]日三面議定其田[illegible]日後有[illegible]不得[illegible]
項任從銀主永遠管業萬代[illegible]
贖無力不敢加補此係二比情愿日後不敢反異言如有
者惟有憑中人一力承躭今恐口無憑立絕賣字
為據

憑中人羅東種受良八毛
元引
代筆黄平經受良六毛

民國廿三年冬月初一日立絕賣字

39.池老三承抱养字（民国三十七年六月十七日）

立承抱养字池老三系罗翁，情因兄弟多人，不愿自承祖业，兄弟商议，自愿出为义子，奉养他人。今承蒙介绍中人说合仁矿乡属凤亭寨黄平仁，系属舅爷之亲，因年老无子承嗣宗支，愿意抱招，养老送终。兹经媒人说合，并经双方同意，即日过门，奉养送终，理持家务，一切之责，自入门奉养双老之亦如父子之亲待遇，并无怀承异心之情。至后，生育弟妹，应如同胞顾待。二比情愿，不有反悔异心之言。恐口无凭，当立证据乙纸，交许收存，为据是实。

立承养字人　池老三

胞兄　池平和

中人　罗甫要[1]

介绍人　池荣山　余景昌

代笔　罗绍儒

中华民国三十七年六月十七日　立

【注释】

[1] 甫要，boh yaul[po^{33} jɑu^{24}]，人名。

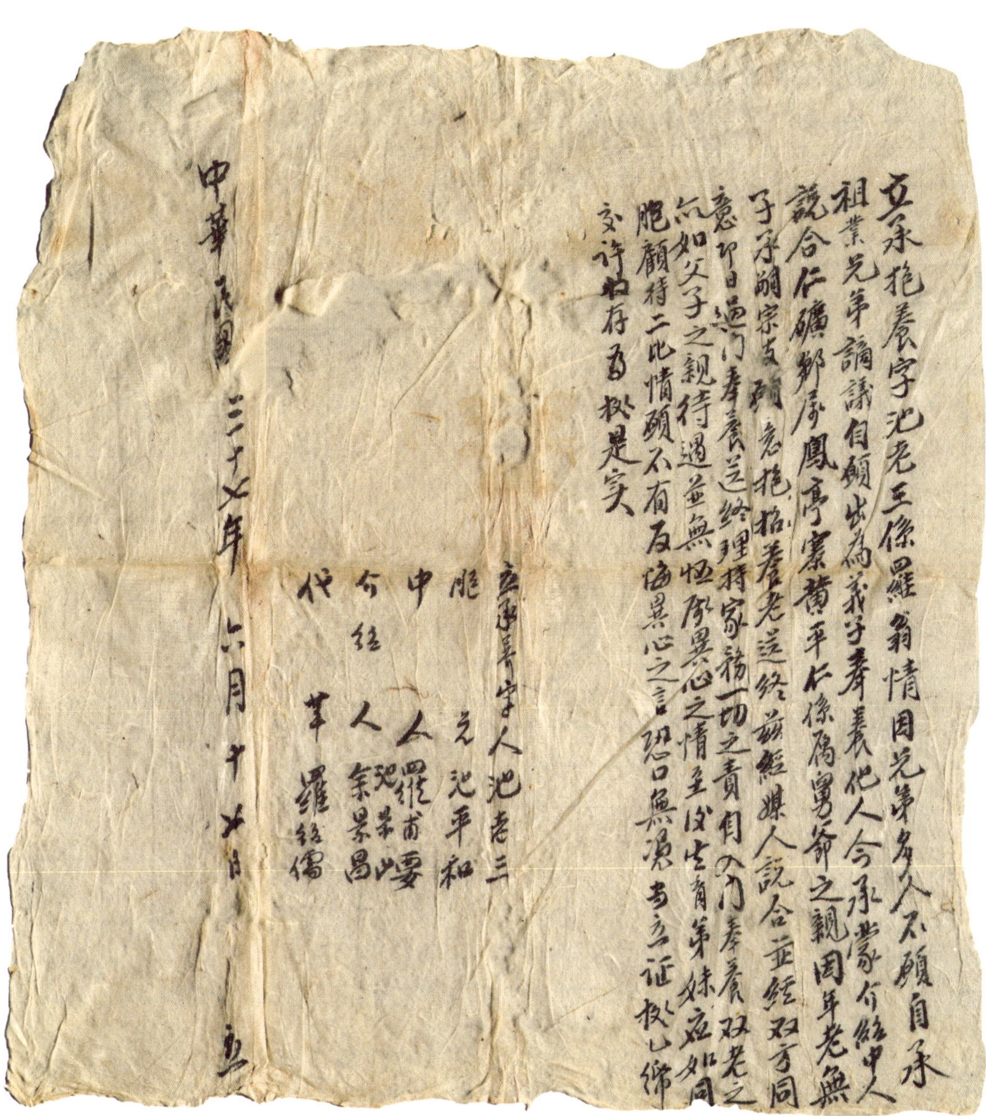

立承抱養字池老三係羅翁情因兄弟多人不願自承
祖業兄弟誦議自願出為義子奉養他人今承蒙介紹中人
說合仁礦鄉彥鳳亭寨黃平仁係為舅爺之親因年老無
子承嗣宗支願意抱抬養老送終兹經媒人說合並經双方同
意即日過门奉養送終理持家務一切之責自入门奉養双老之
後如父子之親待遇並無怄氣異心之情至收生育弟妹應如同
胞顧待二比情願不有反悔異心之言恐口無憑書立証[illegible]
交許收存為據是實

立承養字人　池老三
胞兄　池平和
中人　羅維甫　池荣山
介紹人　余景昌
代筆　羅銘儒

中華民國三十七年六月十七日　立

40. 王甫爱曲绝卖私田契（公元一九五一年四月初六日）

立绝卖私田文契字人王甫爱曲[1]，为因家下贫寒，日食难度，自将祖父遗留之业田，坐落地名纳桃[2]、怕高[3]田，两处大小拾丘，出谷拾挑，纳桃上底（抵）坡，下底（抵）河，怕高上底（抵）罗家，下底（抵）河，自请中人上门，出卖与本寨黄陆氏名下为业耕种。即日得受价银贰百元整，本亲手领钱明。双方仪（议）定，其田自卖之后，任从买［主］耕种，子孙永远管业，勿得反悔异言，及房族人等。今恐口无凭，立绝卖字为据。

卖主人　王甫爱曲
凭中人　班甫有祝[4]
代笔人　池景忠
公元一九五一年四月初六日　立据

【注释】

[1] 甫爱曲，boh ail juz[po³³ ʔɑi²⁴ tɕu¹¹]，人名。

[2] 纳桃，naz daauz[nɑ¹¹ tɑːu¹¹]，地名。

[3] 怕高，bas gaauz[pɑ³⁵ kɑːu¹¹]，地名。

[4] 甫有祝，boh yiuc zuz[po³³ jiu⁵³ zu¹¹]，人名。

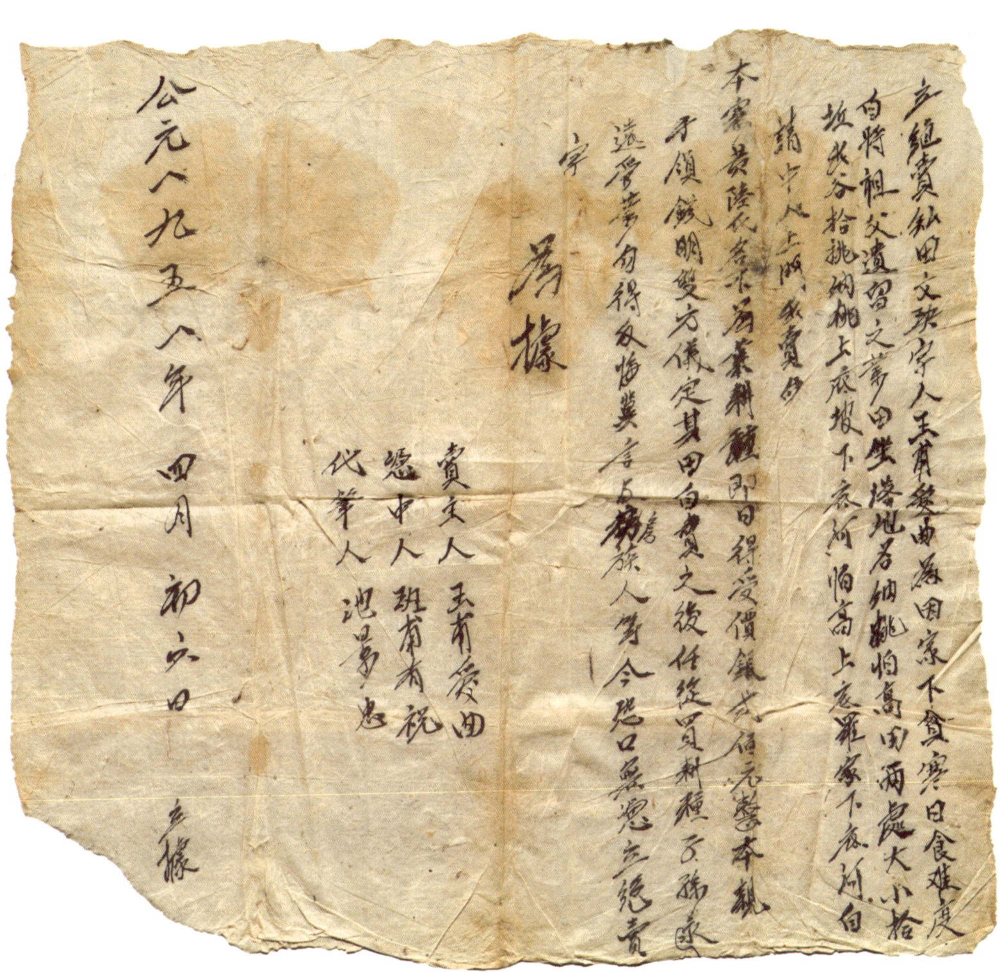

立絕賣私田文契字人王有愛由爲因家下貧寒日食難度
自將祖父遺留之業田坐落地名納桃怕高田兩處大小拾
坂共谷拾挑納桃上底坡下底河怕高上底羅家下底河自
請中人上門出賣與
本寨黄陸氏名下爲業耕種即日得受價銀貳佰元整本親
手領錢明雙方儀定其田自賣之後任從買主耕種子孫永
遠管業勿得反悔異言若房族人等今恐口無憑立絕賣
字 爲據

賣主人 王有愛 由
憑中人 班甫有 祝
代筆人 池景忠

公元一九五八年 四月 初六日 立據

41. 杨甫山当地基字（民国二十一年十二月十八日）

立出当地基下八沙村杨甫山[1]，为因家下贫寒，无处出办，兄弟商议，自将份下之地基，坐落地名叩用地基壹幅，上抵屋基老坎，下抵罗家坎，左手抵路边，右手抵大沟坎，四界四处分明出当，先问房族，无人承受，请凭当与叩用村银主罗甫来[2]名下。看地基如意，应言承受，当凭作价随市花银伍块整。亲手领明应用，银契两交清白。其地基自当之后，交与银主管业，起房屋或挖菜园，不限远近，银到地基归。二比情愿，日后不敢反悔异言，如有悔者，现有凭中人可证。今恐人心不古，故立当字为据。

凭中人　杨甫平安[3]　授银贰毫

代笔人　杨再梁　授银贰毫

中华民国二十一［年］腊月十八日　立当字

【注释】

[1] 甫山，boh saanh[po^{33} sɑːn^{33}]，人名。

[2] 甫来，boh laaix[po^{33} lɑːi^{31}]，人名。

[3] 甫平安，boh pinx aanh[po^{33} pin^{31} ʔɑːn^{33}]，人名。

立出當地基下八沙村楊甫山為因家下貧寒無處生办兄弟
論議自將份下之地基坐落地名叩用地基壹幅上抵屋基
者坎下抵羅家坎左手抵路邊右手抵大溝坎回界四處
分明出當先問房族無人承受請憑當與叩用村
銀主羅甫叔名下看地如意應允承受當憑作價隨市
花銀伍塊整親手領明應用銀契兩交清白典其地其
自當之後交與銀主管業起房屋或挖菜園不限遠近贖
到地基歸二比情愿日後不敢反悔異言如有悔者現有
憑中人可證今恐人心不古故立當字為據
憑中人楊甫平安授良弍毫
代筆人楊再樑授良弍毫
中華民國二十一 臘月 十八日 立當字

42.罗永高转当水田契（民国三十二年三月初二日）

立出转当水田文契字人系居老江平寨罗永高，兹因家下悭中无银，急用无处方（出）辨（办），自将先年祖父德当之田，坐落地名纳歪[1]田乙主，下八沙寨屋还[2]边纳歪拾九丘，八沙还边肆丘，乙共贰拾叁丘，出谷贰拾挑，四至分明，自请凭中上门，出当与告用本族银主罗永香名下。看田如意，应言当价随市袁光花银贰拾块大元正。亲手领明白，即日银契两交清楚，并无下欠分毫。其田交与银主耕种，收花管业，限至叁年以满，银到田回。二比情愿，不得反悔言论争端。倘若反悔争端，现立当字为据。

依口代笔　罗永华

民国癸未卅二年三月初二日　立转字

【注释】

[1] 纳歪，naz waaiz[nɑ¹¹ vaːi¹¹]，地名。

[2] 还，应为“环”，下文同。

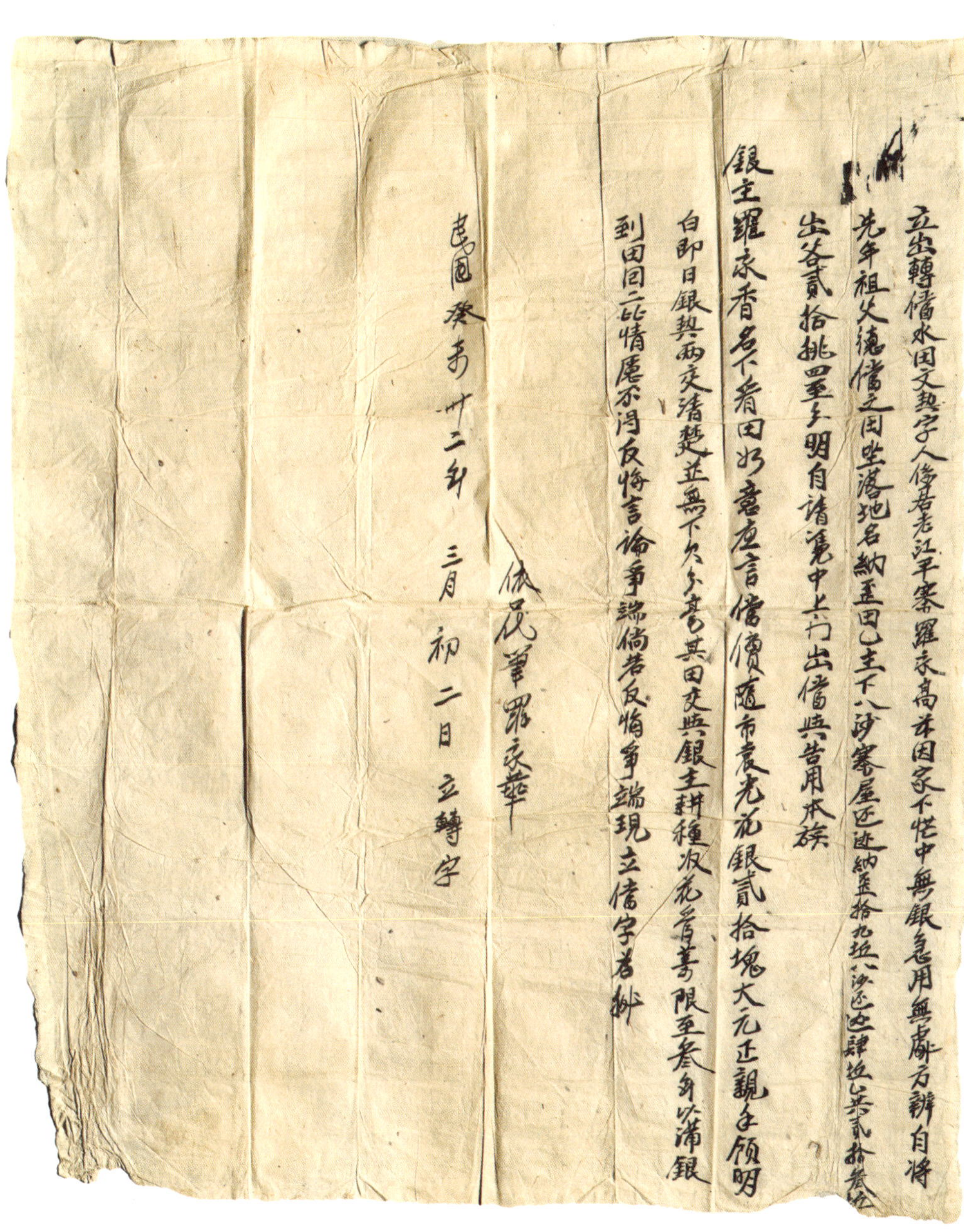

立出轉借水田文契字人條若老江平寨羅承高本因家下中無銀急用無處所辦自將
先年祖父續借之田坐落地名納羞田乙坵下八分寨屋邊納羞拾九坵八分邊邊肆坵共貳拾叁坵
出谷貳拾挑四至分明自請憑中上門出借與當用本族
銀主羅承香名下看田收意應言借價隨市良光花銀貳拾塊大元正親手領明
自即日銀契兩交清楚並無下欠分毫其田交與銀主耕種收花管業限至叁年收滿銀
到田回二比情愿不得反悔言論爭端倘若反悔爭端現立借字為據
依口代筆羅承華
民國癸未年卅二年 三月 初二日 立轉字

43. 杨甫鸾断卖水田契（民国三十四年十二月十七日）

立出断卖水田文契字人系八沙屯杨甫鸾[1]，情因家下贫寒，无银急用，父子商议，愿将祖业遗留之田，坐落地名纳蛇[2]田大小贰拾壹丘，出谷叁拾挑，先问房族，后问四邻，无人承授，自托保人上门，卖到纳明屯买主罗先生永华名下。看田如意，当中作价袁光银贰佰叁拾零陆大圆正。亲手领回家使用清白，并无少欠分毫。即日三面言定，卖契两交清楚，其田交与买主，永远世代子孙耕种根（管）业，倘后杨姓子孙有势不敢赎取，无力不得加补，犹如高坡滚石、水流东海，永不回头。若后杨姓有力赎取者，龙角壹对，水花五斤，一卖一了，二卖二完。此是二比愿意，日后不敢反悔异言，如有反悔议论者，自有保人理直承当。恐口无凭，诚恐人心不古，故立出卖字一纸，交与上下地二拿，左右永执为凭。再有田赋粮，未经拨粮之后，每年粮体四角，由卖主收缴，若有加减，与众同行。

卖主人　杨甫鸾手押

内族眈（担）保人　杨平安手印　受银袁光壹元贰毫

杨耀廷手印　受银袁光壹元贰毫

引进在场人　杨甫福[3]生手印　受银袁光壹元贰毫

依口代笔人　李恒让　受银袁光肆元

民国三拾四乙酉年十二月十七日　立字

【注释】

[1] 甫鸾，boh luanz[po³³ luɑn¹¹]，人名。

[2] 纳蛇，naz ngeaz[nɑ¹¹ ŋɯə¹¹]，地名。

[3] 甫福生，boh fuz seny[po³³ fu¹¹ sɯn³³]，人名。

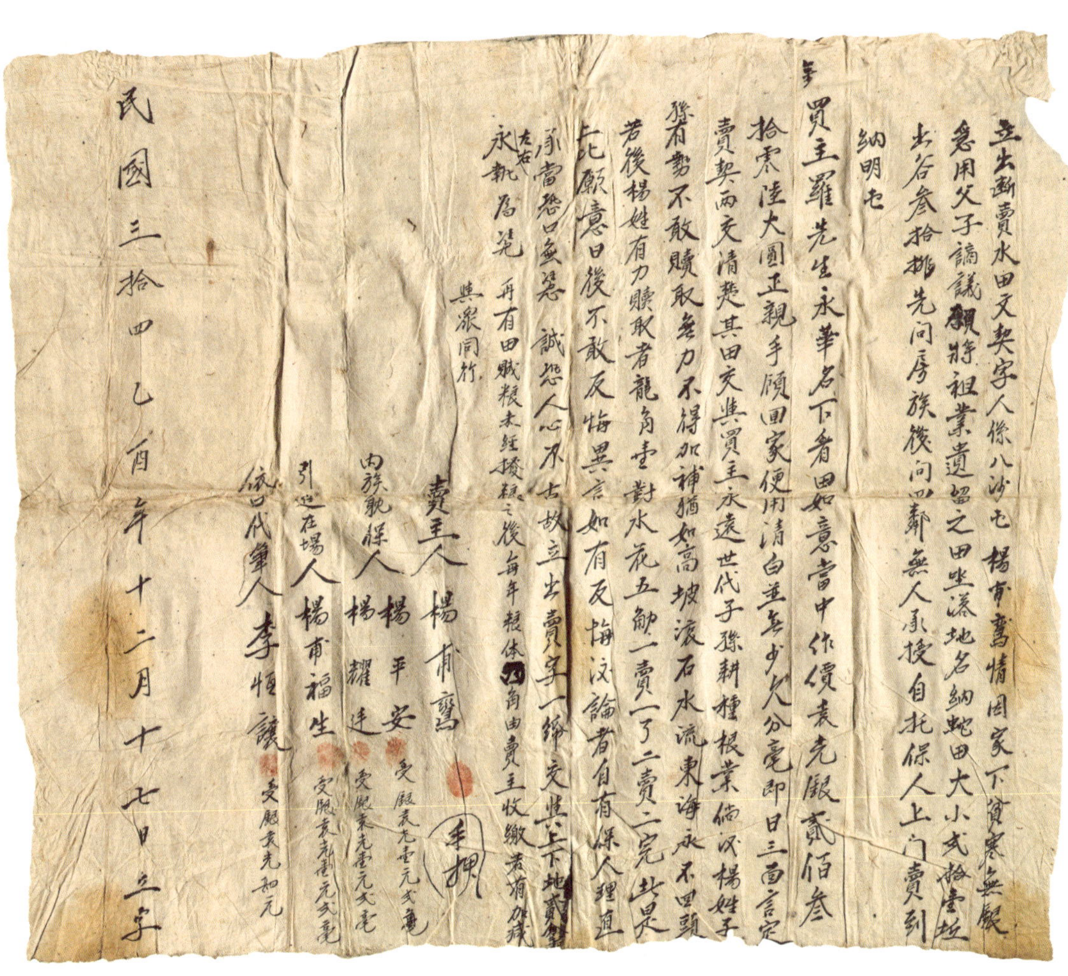

立出斷賣水田文契字人係八沙屯 楊甫鸞情因家下貧寒無銀
急用父子謫議願將祖業遺留之田坐落地名納蛇田大小弍拾壹坵
出谷叁拾挑先問房族後問四鄰無人承接自托保人上门賣到
納明屯
年 買主羅先生永華名下看田如意當中作價表先銀貳佰叁
拾零陸大圓正親手領回家使用清白並無少欠分毫即日三面言定
賣契兩交清楚其田交與買主永遠世代子孫耕種根業倘以楊姓子
孫有勢不敢贖取無力不得加補猶如高坡滚石水流東海永不回頭
若後楊姓有力贖取者龍角壹對水花五斛一賣一了二賣二完此是
上比願意日後不敢反悔異言如有反悔汶論者自有保人理直
承當恐口無憑 誠恐人心不古故立出賣字一紙交與上下地賣[illegible]
左右永執為照 再有田賦粮未经撥粮之後每年粮休[illegible]角由賣主收繳若有加減
與衆同竹

賣主人 楊甫鸞 手押
楊平安 受銀表先壹元弍毫
內族親保人 楊耀廷 受銀表先壹元弍毫
引進在場人 楊甫福生 受銀表先壹元弍毫
依口代筆人 李恒讓 受銀表先和元

民國三拾四乙酉年十二月十七日立字

44.王甫隆、王甫岩、王甫溪等当山场字（民国二年十月十七日）

立出当山场屋基竹木水石纳必[1]村山主王甫隆、王甫岩、王甫溪、王甫送、王老爱五人，为因赎取林葬地方，价银不足，众人商议，愿将林葬山场当壹半，上抵大梁，下抵大江，左抵八号，右抵尧何界，四至分明，自愿当与林葬山银主罗黄喜名下。当山场价九呈银贰拾玖两八分美（每）取。若有日后赎取转黄，喜子孙抬粮任课，美（每）年壹块大元，不得反悔异言，若有言论争端，现有凭中承当。故立当山场为据。

凭中人　王白贵　王甫先美（每）人受银四钱

代笔人　王由陞　受银四钱

民国癸丑二年十月十七日　立字

【注释】

[1] 纳必，naz bigt[nɑ^{11} pik^{35}]，田名。

立出借山塲屋基竹木水石 納交村山主王甫隆岩

王甫溪 送王老愛五人為因贖取林蔸地方價銀不

足衆人商議愿將林蔸山塲借壹半上抵大梁下

抵大江左抵八号右抵竞何界四至分明自愿借與

林蔸山 銀主

羅黄喜名下借山塲價九呈銀貳拾玖兩捌分美取

若有日後贖取轉黄喜子孫抬粮任课美年壹

塊大元不得反悔異言若有言論争端現有憑中

承當故立借山塲為據

憑中人 王白貴 甫先 美人受銀四分

代筆人 王由陞 受銀四分

民国癸丑二年十月十七日 立字

45. 黄景庭绝卖水田契（民国三十六年十二月二十九日）

立绝卖水田文契字人蛮屯寨黄景庭，为因急用，……祖遗之田，坐落地名纳外芳[1]田，大小乙丘，出谷……头沟，下抵河，下抵黄景正，左右□□分明，先问房……灵（邻），无人成（承）受，自愿凭中上门出卖与黄甫爱周名下。看田如意，自卖价中央……正，亲手领明应用。即日三面义（议）定，任从银主耕种，……取，无力不敢加补。二比情愿，永远管业，万代子孙，水流东海……，此系二比情愿，日后不敢反悔异言。……立绝卖田字为据。

引进凭中人　陆□□　岑品□

依口代笔　陆邦文□□

民国卅六年腊月二十九日　立绝卖［字］

【注释】

[1] 纳外芳，naz waais faangz[nɑ^{11} vɑːi^{35} fɑːŋ^{11}]，地名。

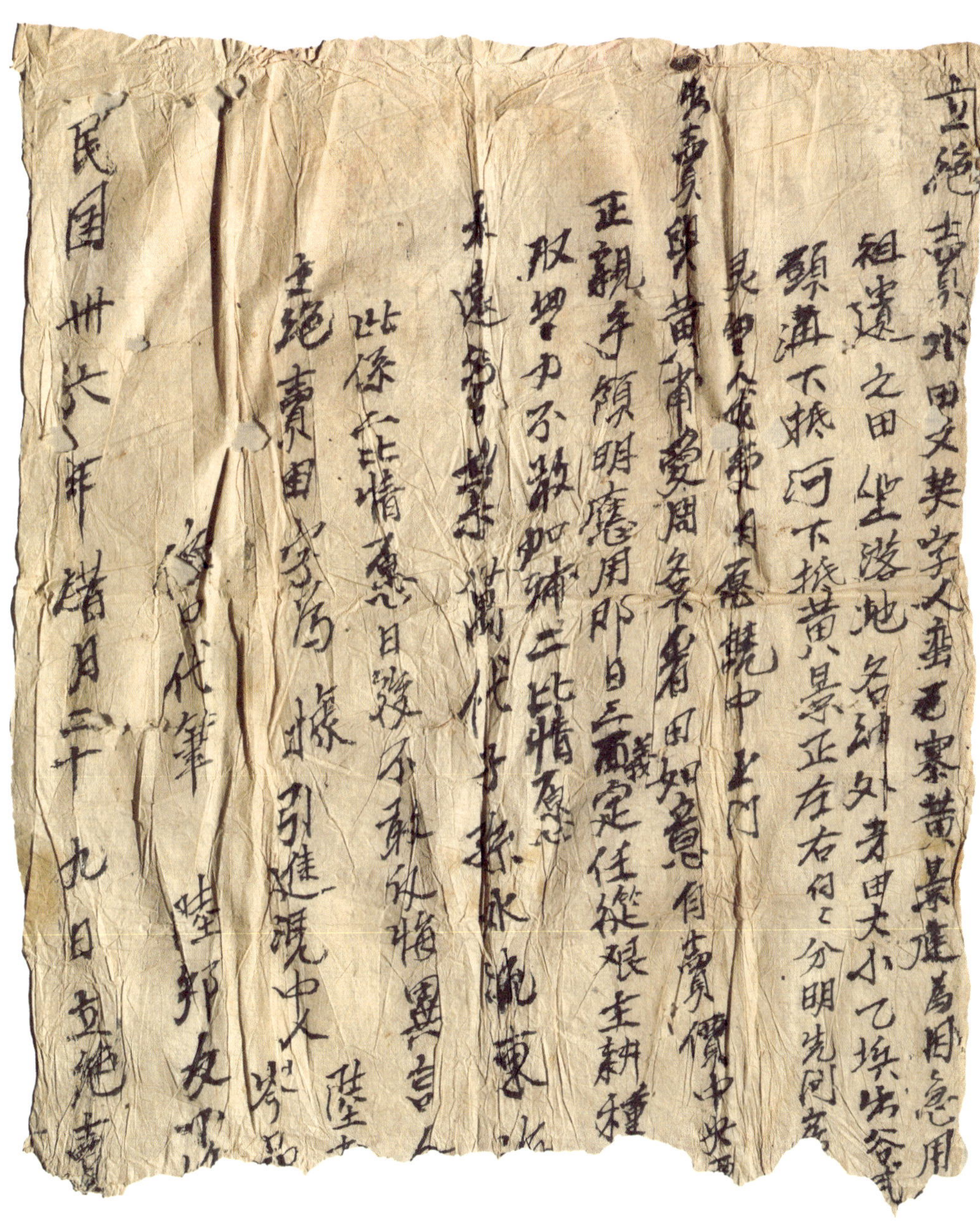

立绝卖水田文契字人蛮毛寨黄景廷为因急用
祖遗之田坐落地名绵外考田大小乙坵出谷[illegible]
头满下抵河下抵黄景正左右分明先问亲[illegible]
房无人承受自愿请中上门
卖与黄甫爱用名下承买田如意自卖价中[illegible]
正亲手领明应用即日三面议定任从买主耕种
[illegible]不敢加补二比情愿
永远管业[illegible]代子孙永远管业[illegible]
此系二比情愿日后不敢反悔异言
立绝卖田字为据　引进凭中人[illegible]
陆[illegible]
请[illegible]代笔　陆邦友[illegible]
民国卅六年腊月二十九日立绝卖[illegible]

46.王甫败断卖水田契（民国三十五年二月十三日）

立出永远绝断卖水田文契人纳必[1]屯王甫败[2]，今因家下�中无银，急用无处方（出）辨（办），自将祖父遗下之田，坐落地明（名）纳满[3]田，大小壹坝，出谷贰拾伍挑，脚踏手指，四至分明，先问族内，后问寨林（邻），无人承受，自愿请凭中族人上门，出卖与纳明屯买主罗永华名下。看田如意，愿出买价花银贰佰伍拾圆正。亲手领清白。即日买契两交清楚，每年纳粮双毫此田。犹如高坡滚石、水流东海，永不回头，壹卖壹了，贰卖贰完，王姓子孙发达有力，不得赎取，无力不得加补，倘若再为发达，龙角壹对，水花伍斤，不得取回，田边上下左右，壹丈贰尺在内。二比情愿，不得押逼情事争端，倘若争论反悔，族中在场耽（担）当，交与罗姓子孙永远管业。故立永远断卖字为据。

卖主人　王甫贬手印手押

在场族中人　王至喜手印　受银壹大元手押

依口代笔人　王良周手印　受银壹大元

中华民国丙戌叁拾伍年二月十三日　立字

【注释】

[1] 纳必，naz bigt[nɑ^{11} pik^{35}]，田名。

[2] 甫败，boh baail[po^{33} pɑːi^{24}]，人名。

[3] 纳满，naz manc[nɑ^{11} mɑn^{53}]，田名。

立出永遠絕斷賣水田文契人納汊屯王甫財今因家下缺中無銀急
用無處方辦自將祖父遺下之田坐落地明納滿田大小壹坵出答貳拾
伍挑腳踏手指四至分明先問族內後問寨林無人承受自願請憑
中族人上門出賣與納明屯
買
賣主羅永華名下看田如意居心出買價花銀貳佰伍拾圓正親手領清白
即日買契兩交清楚每年納粮双毫此田猶如高坡滾石大流東海永不回
頭壹賣壹了弍賣弍休王姓子孫務違有力不得續取無力不得加補倘若再
為務違龍角壹对水花伍朗不得取回田坵上下左右壹丈弍尺炉一比情願
不得押逼情事爭端倘若爭論反悔族中在場朊當交與羅姓子
孫永遠管業故立永遠斷賣字為據
賣主人王甫財 手押
在場族中人王至喜 受銀壹大元 手押
依口代筆人王良周 受銀壹大元
中華民國丙戌叁拾伍年二月十三日立字

47.冯世华当水田契（民国六年十月十五日）

立当水田文契人冯世华，为因急用，无处出办，弟兄商议，自将祖父之田，座（坐）落地名纳母长[1]田坎脚五即下纳瓢同在一断，先问房族，无人承受，请凭当与本若林丧山银主罗黄喜。看如意，出价花银壹百六十大元。前（钱）亲手领明。自当之后，任情（随）银主耕种收花，其田限定叁年，银到田归。二比情愿，不得反悔，有误者，任在保人乙立（力）承当。恐口无凭，立字为据。

凭中人　冯老申

亲手代笔人　冯□□

民国丁巳六年十月十五日　立字正

【注释】

[1] 纳母长，naz muc xaangx[nɑ11 mu53 ɕɑːŋ31]，地名。

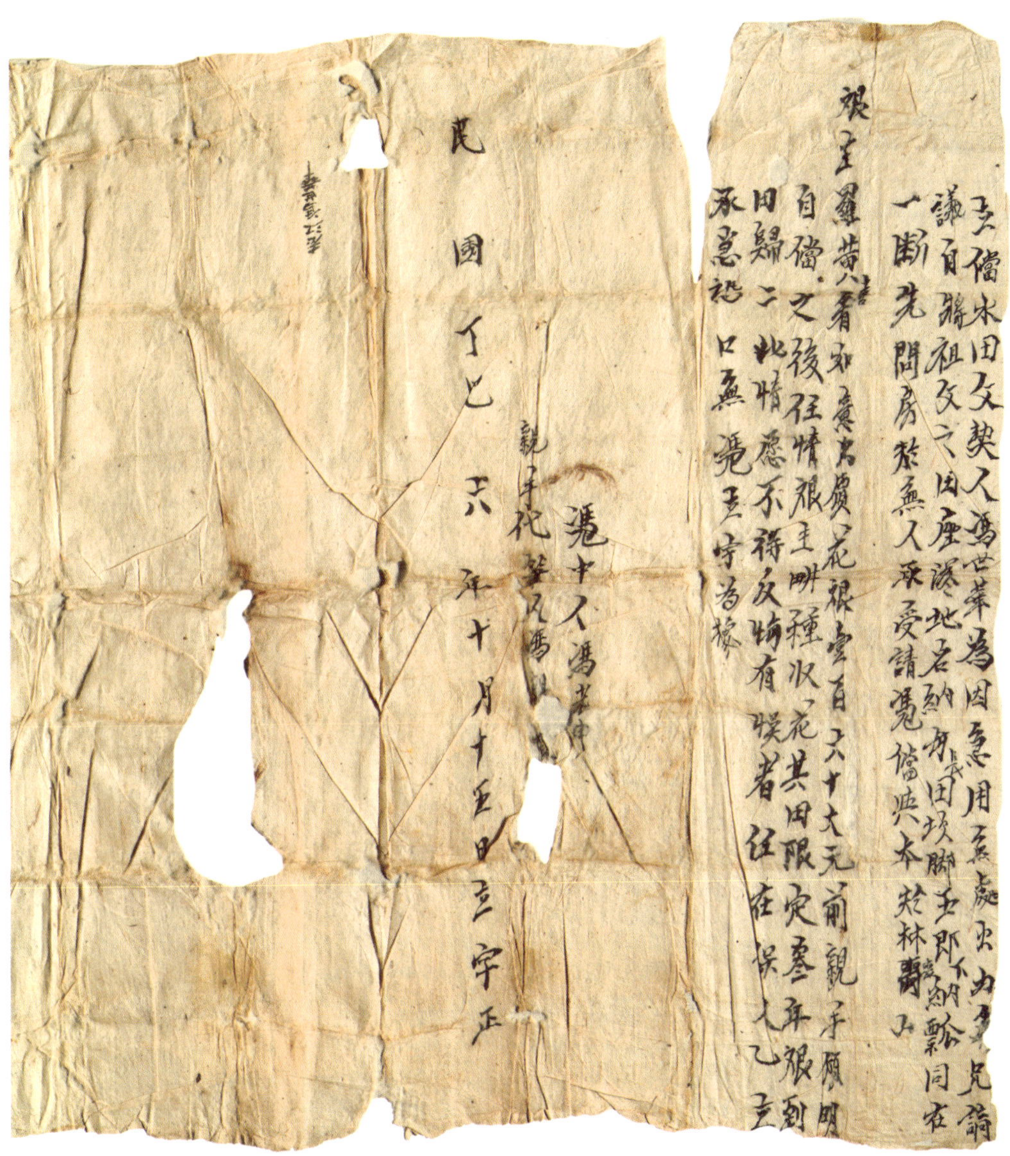

立當水田文契人馮世華為因急用無處出办兄商
議自願將祖父之田座落地名納寨田坝脚壹坵即下納寨黔同在
一斷先問房族無人承受請憑當與本族林壽山
銀主羅黃八看郭廣君廣花銀壹百六十大元前親手領明
自當之後任憑銀主耕種收花其田限定叁年限到
田歸二比情愿不得反悔有誤者任在保人乙立
承恐口無憑立字為據

憑中人馮華伸

親手花押兄馮

民國丁巳六年十月十五日立字正

48.□老七转当水田契（民国十三年五月二十八日）

立出转当水田文契字人交□□□老七，为因身中……急用，无处出办，兄弟商议，字（自）将本兄之田，座（坐）落地明（名）□下……田大小二节，先问房族，无人承受，亲自上门，当到林岩□□银主罗永华名下。看田如意，出价花银捌块大元整。亲手领明。自当之后，任从银主耕种收花，□田限定三年，定于□冬，银到田回。二比情愿，不得反悔，若有误者，任在中人乙立（力）承当。恐口无凭，力（立）字为据。

凭中人　徐老海

衣（依）口代笔人　冯子后

美（每）人受银毛半

民国甲子十三年五月廿八日　立字正

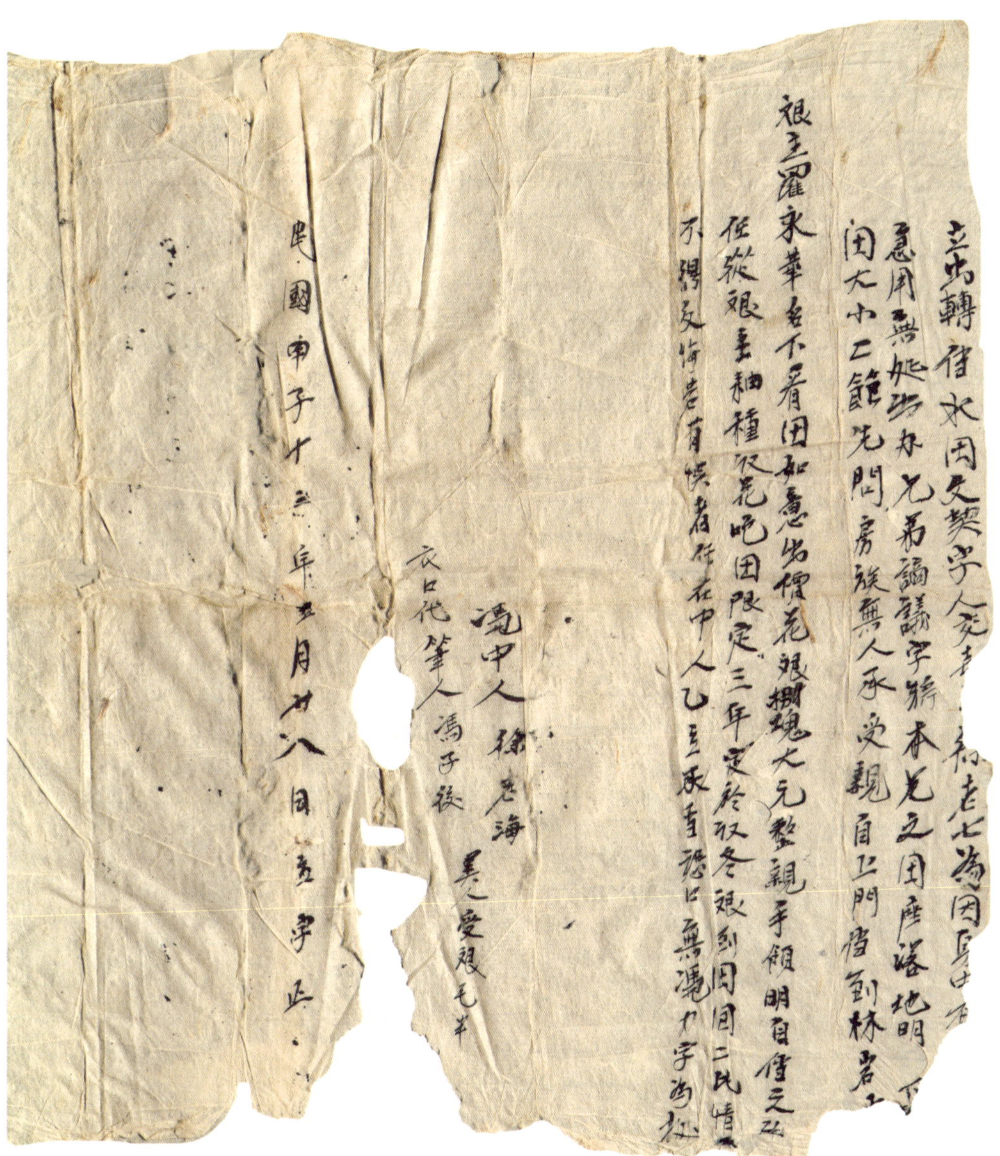

立出轉佃水田文契字人交者[illegible]孫老七為因其[illegible]

急用無處出办兄弟謫議字將本先之田座落地明[illegible]

田大小二塊先問房族無人承受親自上門請到林君[illegible]

銀主羅永華名下看田如意出價花銀捌塊大元整親手領明自價之[illegible]

任從銀主耕種收花吃田限定三年定於收冬銀到田回二比情[illegible]

不得反悔若有談者任在中人一立承當恐口無憑立字為據

憑中人 徐老海

依口代筆人 馮子發

吳[illegible]受銀 毛半

民國甲子十三年五月廿八日 立字 正

49.黄老操当私田契（民国二十九年五月初六日）

立当私田文契字人下俸亭黄老操，为因家下贫寒，日食难度，无处出办，自愿将到祖父遗私田，坐落地名纳口，大小一丘，出谷拾挑，自请凭中上门，当与蒿里王姑妈名下为业。是日得受当价民国廿九年纸洋……纸洋银壹百一拾元……领。其田自当之后，任从银主耕种收花，不恂（拘）远近，银到田归，限定三年，有力取出，无力加补。此系二比情愿，不得反悔者异言，如有反悔，为有凭中一力承当。今恐口无凭，立当字为据。

凭中代笔　黄平经　受银纸洋壹元

民国廿九年五月初六日　立字

民国叁拾年，又加补叁佰元，加补拾元纸洋，一共合叁佰元，有力取赎，无力不敢加补。

民国三十年，纸洋两元当大洋壹元。

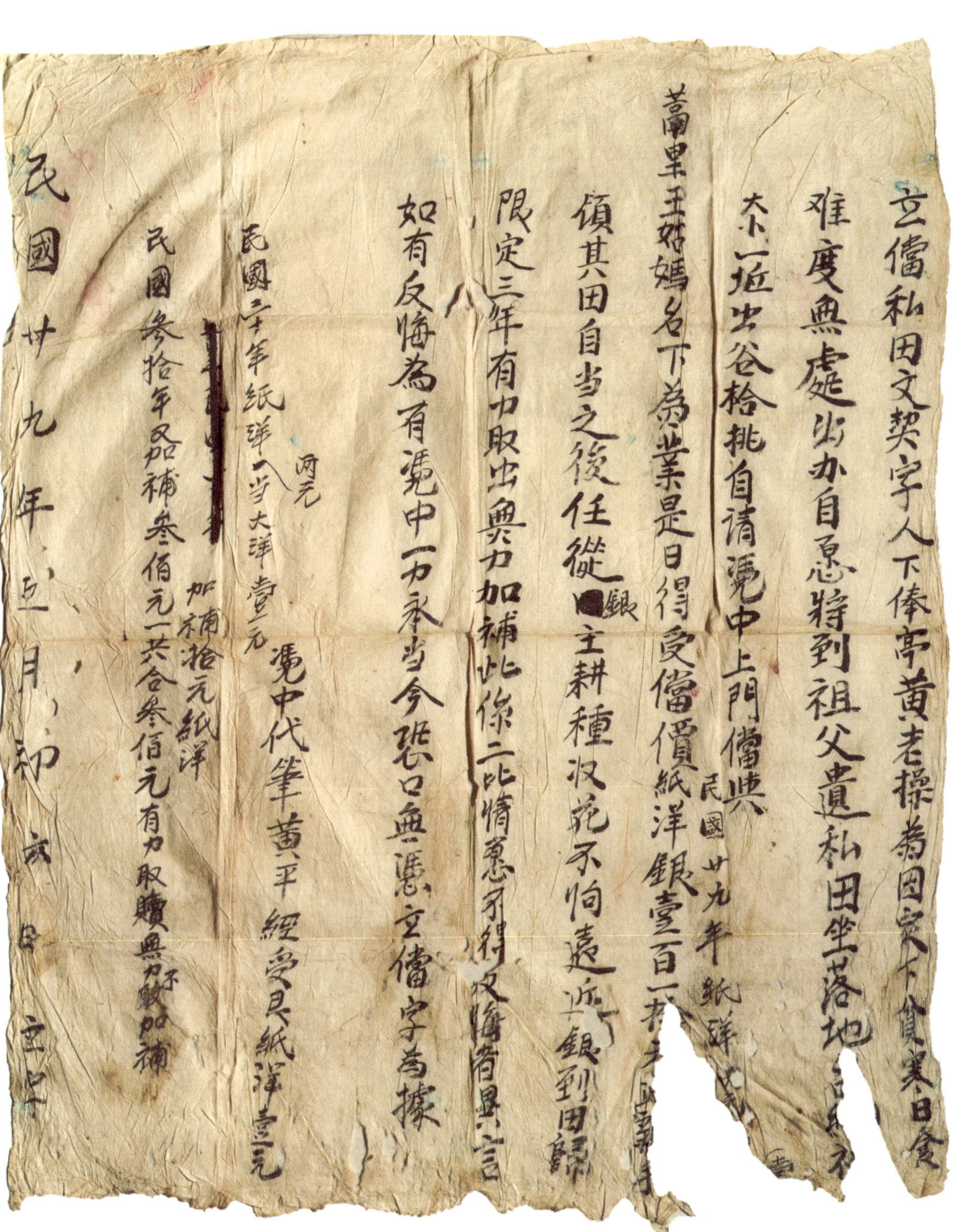

50. 杨甫兴、杨甫审、杨亚保等当荒坡山场契（民国六年十一月十八日）

立出当荒坡山场土契字人八沙、凌关、告用三寨杨甫兴、杨甫审、杨亚保、杨幼、杨满众人等，今因家下恾中无银急用，自将祖业山场，座（坐）落地名麻布强坡湾沟河对面两塘，上抵大梁，下抵堰坎、上大坎还过，左边抵交沙界直小领（岭）沟下，右边以沟直上；对面一塘上抵大梁瓦里为界，下抵沟，左边抵小领（岭）岩边直上，右边抵大凹小沟直下，脚踏手指，四至分明，先问族内，后问寨，无人承受，自请凭中上门，当到桐树林银主罗三卯、罗林叔侄二人名下。看山场合意，愿出当价公崽花银叁拾贰块大元正。亲手领清，自即日银契两交清楚，并无下欠分毫。当面言定，其山场限过伍年以满，银到山场归回。二比心干（甘）情愿，并不押逼争端。如有争端之事，凭中一力承担。故立当山场一纸为据。

凭中在场人　杨甫廷[1]　杨甫曲[2]

美（每）人受银四毫

中证人　冯老幼　杨甫修[3]

美（每）人受银四毫

依口代笔　杨秀光　受银六毫

民国六年冬月十八日　立当山土契

民国拾年冬月廿日，八沙、叩用、凌关三寨杨甫贵、杨甫塘、杨亚保、杨甫审、杨甫兴五人又来加补麻布强坡土花银拾贰块大元正。亲手领明白，不得下少分毫，又过叁年以满，立加补字为据。

凭中人　杨林　杨甫廷

代笔人　杨秀光

美（每）人受银双毫

【注释】

[1] 甫廷，boh dinx[po^{33} tin^{31}]，人名。

[2] 甫曲，boh juz[po^{33} tɕu^{11}]，人名。

[3] 甫修，boh xiuh[po^{33} ɕiu^{33}]，人名。

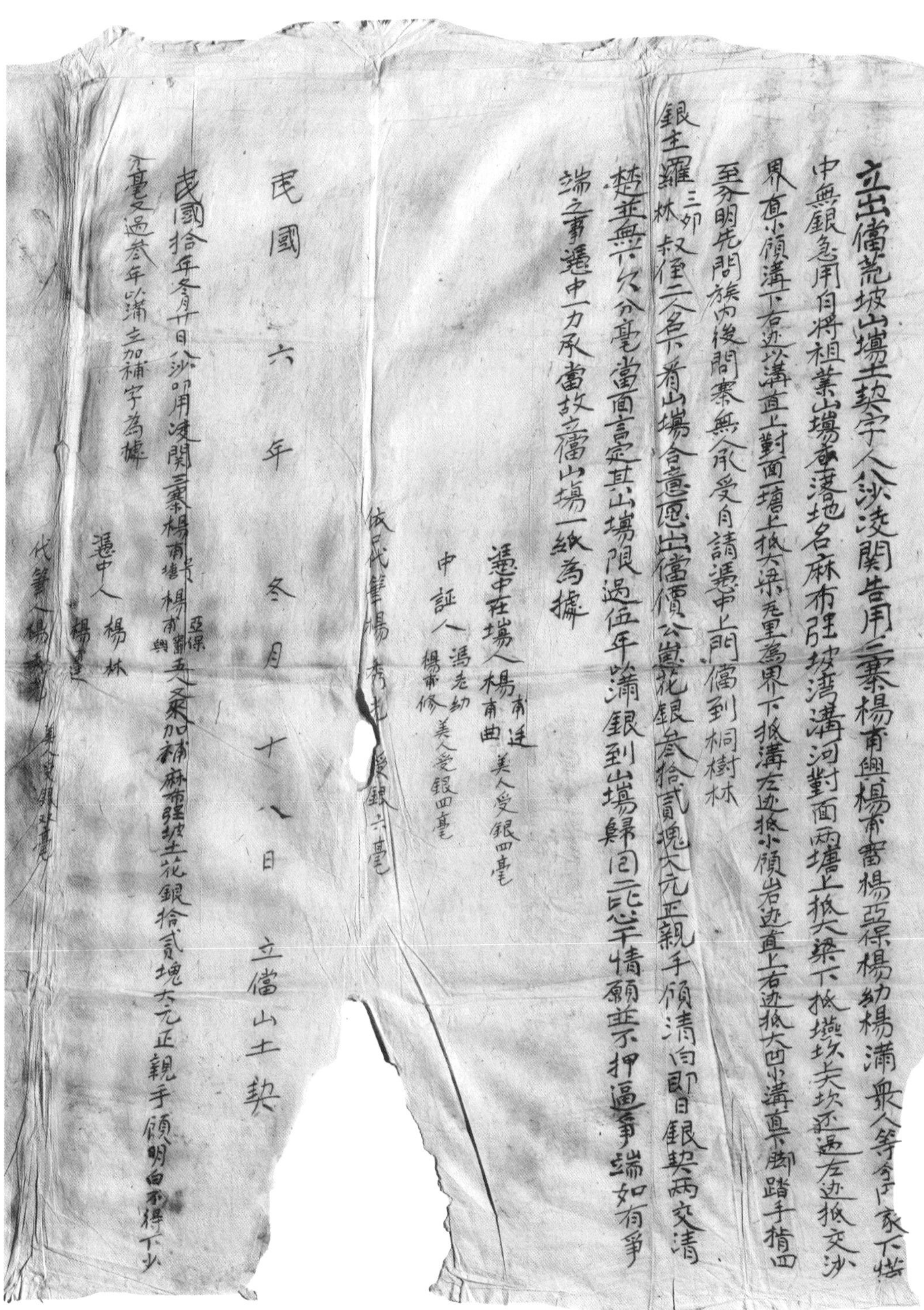

立出當荒坡山場土契字人沙凌開告用三秦楊甫興楊甫富楊亞保楊幼楊滿衆人等合戶家下缺
中無銀急用自將祖業山場坐落地名麻布哩坡溝河對面兩壋上抵大梁下抵壋坎夫坎逐過左边抵交沙
界直小領溝下右边以溝直上對面壋上抵大梁元里為界下抵溝左边抵小領右边直上右边抵大凹小溝直下脚踏手指四
至分明先問族內後問寨無人承受自請遥中上門當到桐樹林
銀主羅三卯林叔侄二人名下看山場合意愿出當價公議花銀叁拾貳塊大元正親手領清白即日銀契兩交清
楚並無少欠分毫當面言定其山場限過伍年滿銀到山場歸回二比甘情願並不押逼爭端如有爭
端之事遥中一力承當故立當山場一紙為據

遥中在場人 楊甫廷 楊甫曲 美人受銀四毫
中証人 馮老幼 楊甫修 美人受銀四毫
依口代筆楊秀光 受銀六毫

民國 六 年 冬 月 十 八 日 立當山土契

民國拾年冬月廿日人沙叩用凌開三秦楊甫貴楊甫富亞保楊甫興五人又來加補麻布哩坡土花銀拾貳塊大元正親手領明白不得下少
又來當過叁年以滿立加補字為據
遥中人 楊林 楊連
代筆人楊秀光 美人受銀四毫

51. 李景钟转当水田契（民国三十五年三月十三日）

立出转当水田文契字人凌白屯李景钟，为因家下贫寒，无处出边（办），自将祖父承当之田，坐落地名纳降乃、降林、拉桃[1]乙共三主，出谷三拾挑出当，先问房族，无人承授（受），请保上门，当到纳明屯银主罗永昌名下。看田如意，应授（受）价花银袁光壹佰叁拾零伍大元正。亲手领。即日言定，其田交与银主耕种收禾，其限至伍年，银到田回。二比情愿，日后不得返（反）悔异言，如有反悔者，任在保平可正（证）。故立当字为据。

保人　李花　授（受）银袁乙元

依口代笔人　韦显玑　授（受）银袁乙元

中华民国三十五年三月拾三日　立当字

【注释】

[1] 纳降乃，naz jiangz naic[nɑ^{11} tɕiːŋ^{11} nɑi^{53}]；降林，jiangz linz[tɕiːŋ^{11} lin^{11}]；拉桃，lac daauz [lɑ^{53} tɑːu^{11}]，均为地名。

立出轉佾水田文契字人凌白屯李貴小鍾為因家下貧寒無處
出處自將祖父承佾之田坐落地名納降乃降林拉桃乙其三主
出答三指挑出佾先問房族無人承授請保上門佾到納明屯
銀主羅永昌名下看田如意應授價花銀袁光壹佰叁[illegible]指零伍
大元正親手領即日言定其田交與銀主耕種收禾其限至伍
年銀到田回二比情願日後不得返悔異言如有反悔者任在保
平可正故立佾字為據

保人李花 授艮袁乙元

依口代筆人韋顯瓏 授艮袁乙元

中華民國三十五年 三月指三日 立佾字

52.唐孟禄当水田契（民国十二年十一月二十五日）

立出当水田文契字人交沙山唐孟禄，为因无银急用，自将祖父遗下之田，座（坐）落地名岜拉[1]田，大小八丘，亲自请保上门，当到告用村银主杨甫曲[2]名下。看田如意，应言授（受）价花银贰大元零六毫正。亲手领。即日言定，限至三年，银到田回。二比情愿，不得反悔，若有悔者，任在保人乙力承当。恐口无凭，立字为据。

耽（担）保人　唐老才

代笔人　徐星恒

民国癸亥年冬月二十五日　立

【注释】

[1] 岜拉，bas lah[pɑ^{35} lɑ^{33}]，地名。

[2] 甫曲，boh juz[po^{33} tɕu^{11}]，人名。

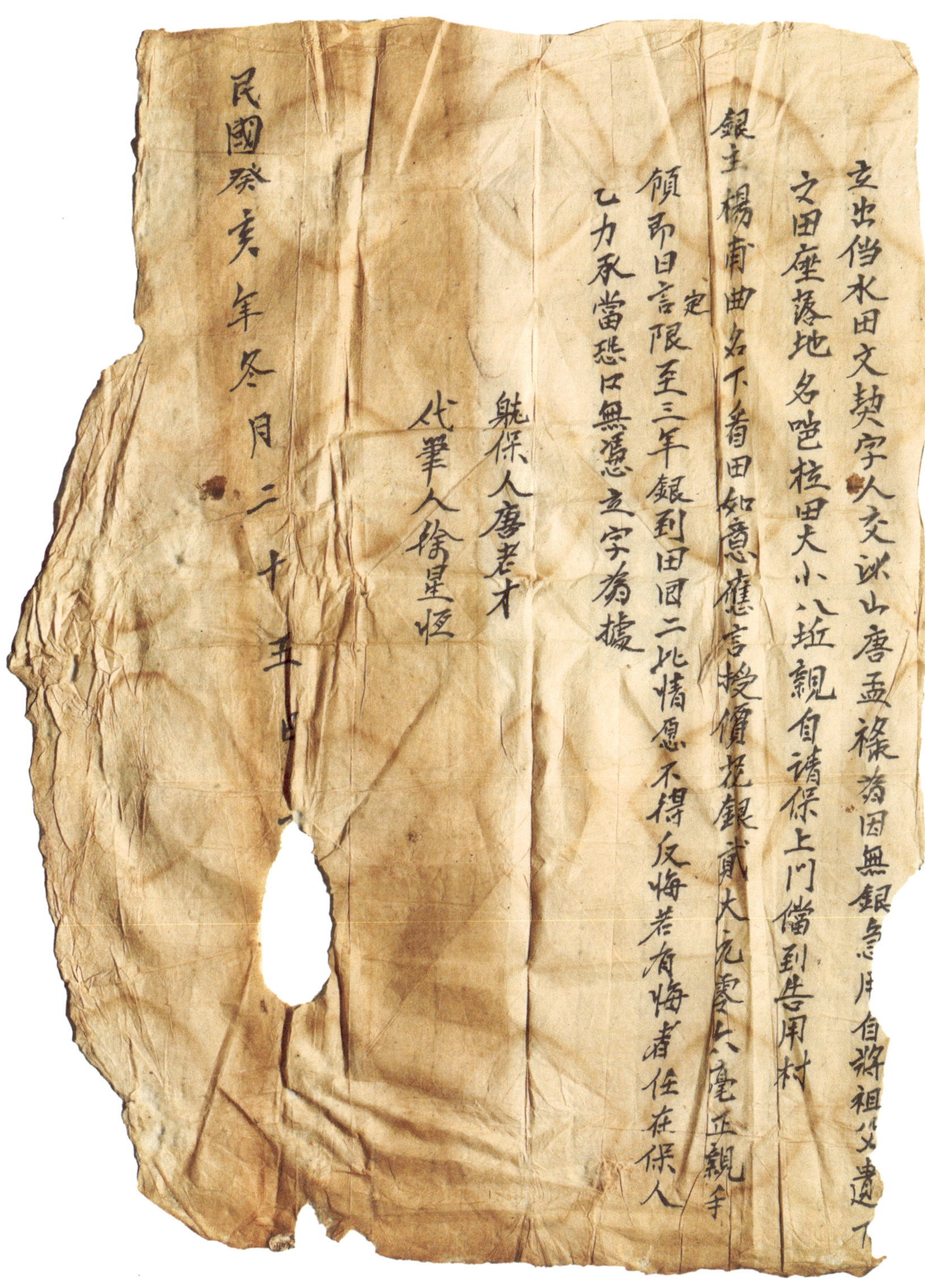

立出当水田文契字人交訨山唐孟祿為因無銀急用自將祖父遺下

文田座落地名唣柆田大小八坵親自請保上門當到告用村

銀主楊甫曲名下看田如意應言授價花銀貳大元零六毫五親手

領取日言定限至三年銀到田回二比情愿不得反悔若有悔者任在保人

乙力承當恐口無憑立字為據

親保人唐老才

代筆人徐星垣

民國癸亥年冬月二十五日

53. 杨甫曲当水田契（民国十六年十二月十九日）

立出当水田文契字人下八沙村杨甫曲[1]，为因无银急用，无处出办，兄弟商议，愿自将祖业之田，坐落地名纳挖设[2]田，大小贰拾叁丘出当，先问房族，无人承受，请保当到叩用村银主罗永华名下。看田如意，应言承受，当凭作价公崽花银壹百伍拾块大元零叁块贰毫正。亲手领明，回家应用，不少欠分文。其田自当之后，交与银主耕种，不限远近，银到田归。此系二比情愿，日后不敢反悔异言，如有反悔者，现有耽（担）保人可证。今恐口无凭，故立当字存照为据。

耽（担）保人　杨甫福[3]生受银乙元

代笔　杨再梁　受银乙元半

中华民国己巳年腊月十九日　立当字

【注释】

[1] 甫曲，boh juz[po^{33} tɕu^{11}]，人名。

[2] 纳挖设，naz wah seel[nɑ^{11} vɑ^{33} se^{24}]，地名。

[3] 甫福生，boh fuz sengy[po^{33} fu^{11} seŋ^{33}]，人名。

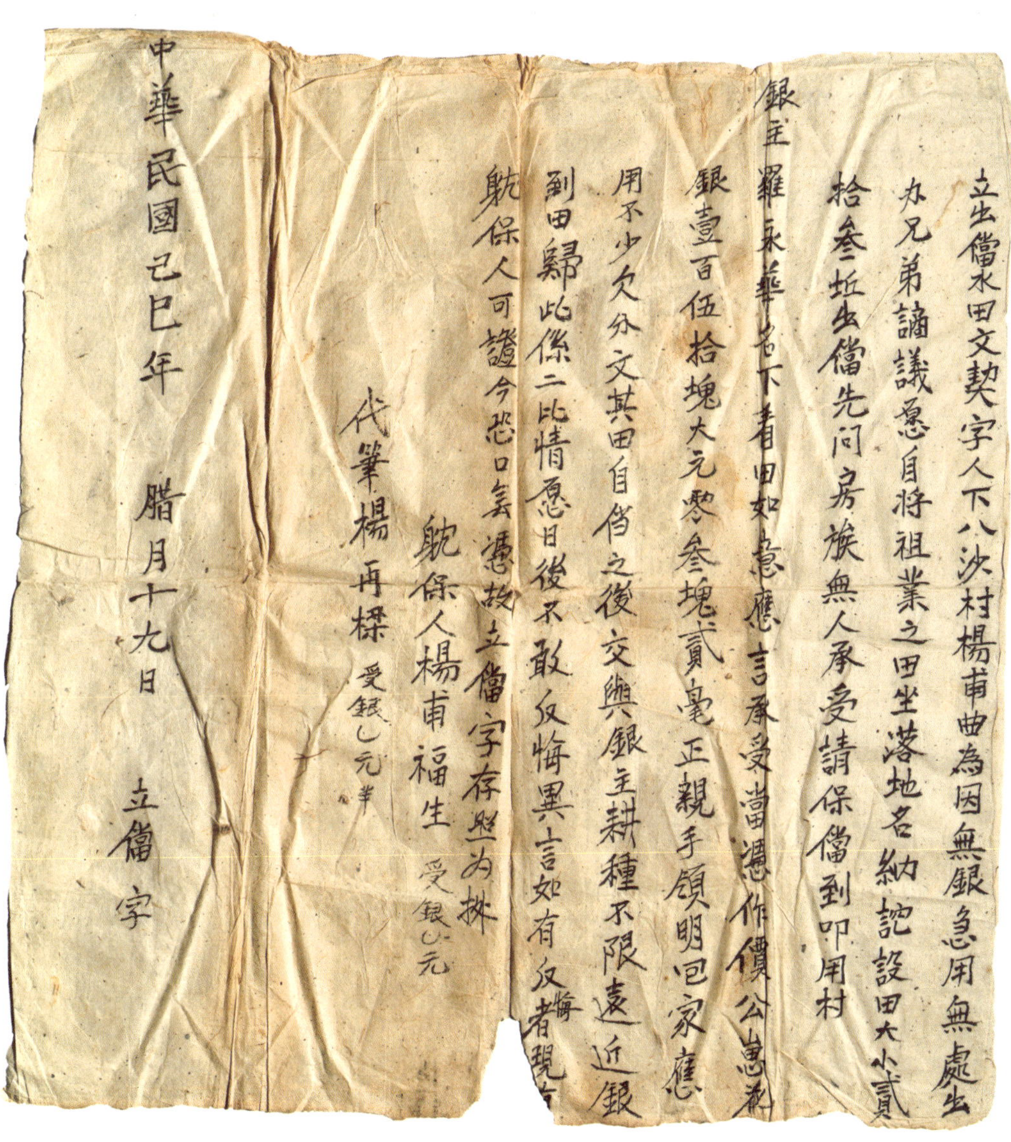

立出當水田文契字人下八沙村楊甫曲為因無銀急用無處出办兄弟論議意自將祖業之田坐落地名納訖設田大小貳拾叁坵出當先問房族無人承受請保當到叩用村銀主羅永華名下看田如意應言承受當憑作價公惠紋銀壹百伍拾塊大元零叁塊貳毫正親手領明回家應用不少欠分文其田自當之後交與銀主耕種不限遠近銀到田歸此係二比情愿日後不敢反悔異言如有反悔者現有躭保人可證今恐口無憑故立當字存照為據

躭保人楊甫福生 受銀一元

代筆楊再標 受銀一元半

中華民國己巳年 臘月十九日 立當字

54. 杨甫耀、杨甫全当水田契（民国二十九年十二月初五日）

立出当水［田］文契字人告用寨杨甫耀、杨甫全二人，为因家下寒微，无处出辨（办），兄弟商议，祖业之田，坐落地名纳降林[1]田妙（庙）背后，大小贰丘，出谷拾六挑出当，先问房族，后问四陵（邻），无人承受，请凭当与本寨银主罗甫来名下。看田如意，应言承受，当凭作价公崽花银肆拾块大元整。亲手领明应用，银契两交清白。其田自当之后，交与银主耕种收花管业，限过叁年以满，银到田归，中间不冒。此系二比心干（甘）情愿，日后不敢反悔异言，如有悔者，现有凭中人可证。今恐人心不古，故立当字存照为据。

凭中人　杨甫平安　受中央票乙元

依口代笔人　杨再梁　受中央票乙元

中华民国廿九年腊月初五日　立当字

民国乙酉年卅四年十月廿日，告用屯杨甫耀、杨甫前兄弟二人又来加补田价袁光叁拾陆块大元正，亲手领明白，银契两交清楚，限过叁年，故立加补为据。

代笔人　王良田

【注释】

[1] 纳降林，naz jiangc linz[na^11 tɕiːŋ^53 lin^11]，地名。

立出當水田文契字人各用寨楊甫耀 甫全 二人為因家
下寒微無處出辦兄弟商議祖業之田坐落地
名納降林田秋背後大小弍坵出穀拾六挑出當先問
房族後問四陵無人承受請憑當與本寨
銀主羅甫来名下看田为意應言承受當憑作價公
患花銀肆拾塊大元整親手領明應用銀契兩
交清自其田自當之後交與銀主耕種收花管業
限过叁年以滿銀到田歸中间不冒此係二比心干
情愿日後不敢反悔異言如有悔者現有憑中
人可證今恐人心不古故立當字存照為据
憑中人楊甫平安 受中央票乙元
依口代筆人楊再標 受中央票乙元
民國丁酉年卅四年十月廿日告用屯楊甫耀 甫前兄弟二人又来
加補田價袁光叁拾陸塊大元正手親領明白銀契
交清楚限過叁年故立加補為據 代筆人王良臣
中華民國廿九年 臘月 初五日 立當字

55. 王甫堡、王甫风、王老来断卖水田契（民国七年十二月初八日）

立出永远卖断水田文契字人交改寨王甫堡、王甫风、王老来弟兄三人，今因家下无银，急用无处出变（办），弟兄商议，只得将到祖父之业，座（坐）落地名田湾田，大小拾叁丘，出谷叁拾挑，堰沟清水竹木土乙并在内，上下十丈左右，二丈土在内，先问房族，后问寨邻，无人接［受］，……中，脚踏手指，四界分明，上门卖到大田罗永富名下接买为业。即日三面议定，买价市银一百叁拾伍两整，入手戥交清，并无下欠分厘。自卖之后，恁（任）随买主下田耕种，永远管业，卖主子孙不敢加补，高山滚石，永不回头。其田乙（已）无夫役杂派，每年纳毛银三钱作粮，交送卖主，日落日休，父卖子丢，寸早（草）不留。此系二比意愿，不得压逼，倘有族内人等前来净（争）论，有卖主凭中上前乙力承当。今恐人心不古，立出卖断字一纸为据。

凭中人　王昌龙　受银柒毫
　　　　龙昭荣　受银八分
　　　　王老万　受银乙两
　　　　王甫外　受银乙两
　　　　王甫寅　受银乙两
　　　　王甫□　……
引进凭中　王甫赖　受银乙两
　　　　陈甫国　受银柒毫
依口代笔　龚义怀
民国戊午年腊月初八日　立卖断字

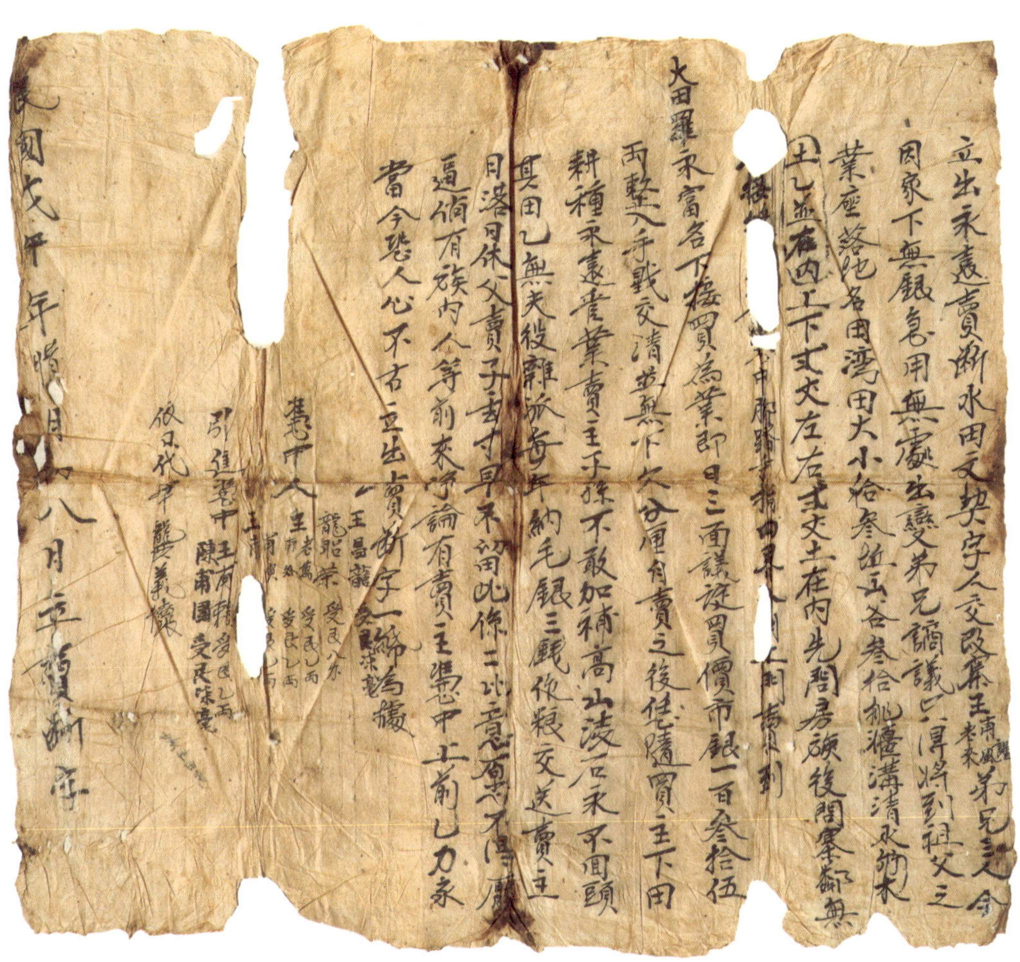

立出永遠賣斷水田文契字人文段寨王甫鳳、老本弟兄三人，今因家下無銀急用，無處出變，弟兄商議，只得將到祖父之業，座落地名田灣田大小拾叁坵，又叁拾挑灣溝清水衝木

田乙並在內，上下丈丈，左右丈丈，土在內。先問房族，後問寨鄰，無錢承受，請中唐驛上門問到

大田羅永富名下承買為業。即日三面議定買價市銀一百叁拾伍兩整，入手戥交清，並無下欠分厘。自賣之後，任從買主下田耕種，永遠管業。賣主子孫不敢加補，高山滾石，永不回頭。其田乙無夫役雜派，每年納毛銀三錢，依糧交送賣主。日落日休，父賣子亡，寸土不留。此係二比意願，並不逼勒。倘有族內人等前來爭論，有賣主憑中上前乙力承當。今恐人心不古，立出賣斷字一紙為據。

王昌龍 受銀八分

龍昭榮 受銀八分

憑中人 王老萬 受銀乙兩

王卯保 受銀乙兩

王甫貴 受銀乙兩

引進憑中 王甫錢 受銀乙兩

陳甫國 受銀陸錢

依口代筆 龔義讓

民國戊午年臘月初八日 立賣斷字

56.黄景根卖水田契（民国二十八年七月二十四日）

立卖水田文契字人本寨黄景根，家下寒□，生活难度，无处出办，兄弟房族人等，勿（无）人承受，得将祖父遗留之田，坐落地名纳喜[1]田，大小十八丘，出谷拾挑，自请凭中上门，出卖与本寨黄平仁名下管业。即日三面仪（议）定价中央法币贰仟园（元）本整，亲手领明应用。其卖之后，任从买主耕种，万代子孙永远管业，不得反悔，有力不能取，勿（无）力不可加补，及房族人等，水入东海，没得返回。现有凭中乙立（力）承耽（担）。今恐口无凭，立卖字为据。

凭中　黄景成

引进　班甫有足

受钱各廿元

代笔　黄平经　受钱四十元

中华民国廿八年七月廿四日　立

【注释】

[1] 纳喜，naz xic[nɑ^{11} ɕi^{53}]，地名。

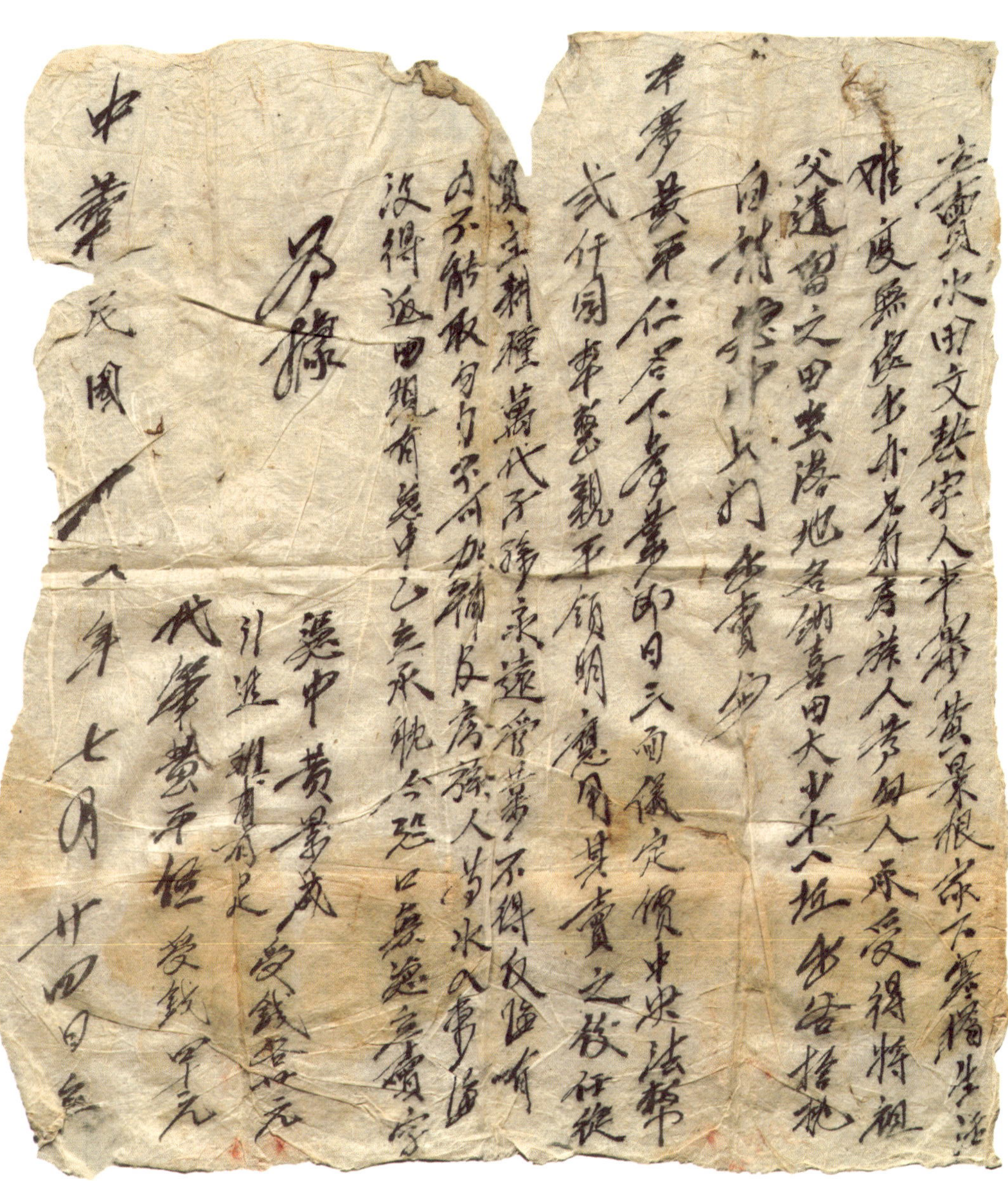

立賣水田文契字人平寨黄景根家下寨播米注
唯度無從出弁名前房族人等無人承受得將祖
父遺留之田坐落地名納喜田大小共八坵收谷拾挑
自請憑中上門出賣與
本寨黄平仁名下承買即日三面議定價中央法幣
弍仟圓本艺親手領明應用其賣之後任從
買主耕種萬代子孫永遠管業不得反悔倘
內不能取自有賣主加補及房族人等出事
後得返回現有憑中乙力承挑今恐口無憑立賣字
為據

憑中　黄景成　受錢　元
引進　雙有
代筆　黄平仁　受錢　元

中華民國卅八年七月廿四日　立

57. 罗德明当水田契（民国三十五年三月十三日）

立出当水田文契字人叩用屯罗德明，为因急用，无处出办，自将……承当之田坐落地名纳娑慌[1]，大田乙丘，出谷拾伍挑，……承授（受），自请保人上门，当到纳明屯银主罗永香名下。看田合意，应言出价花银袁柒拾大元正，□□领足。其田交与银主耕种，粮银田走，其田限至叁年，银到田回。二比情［愿］，［日］后不得反悔异言，如有悔者，任在保乙力承当。恐口无凭，故立当字为据。

保人　罗德基　受银六毫

依口代笔人　韦并玑　受银六毫

中华民国三十五年三月十三日　立当

【注释】

[1] 纳娑慌，naz sos wangh[nɑ^{11} so^{35} vɑŋ^{33}]，地名。

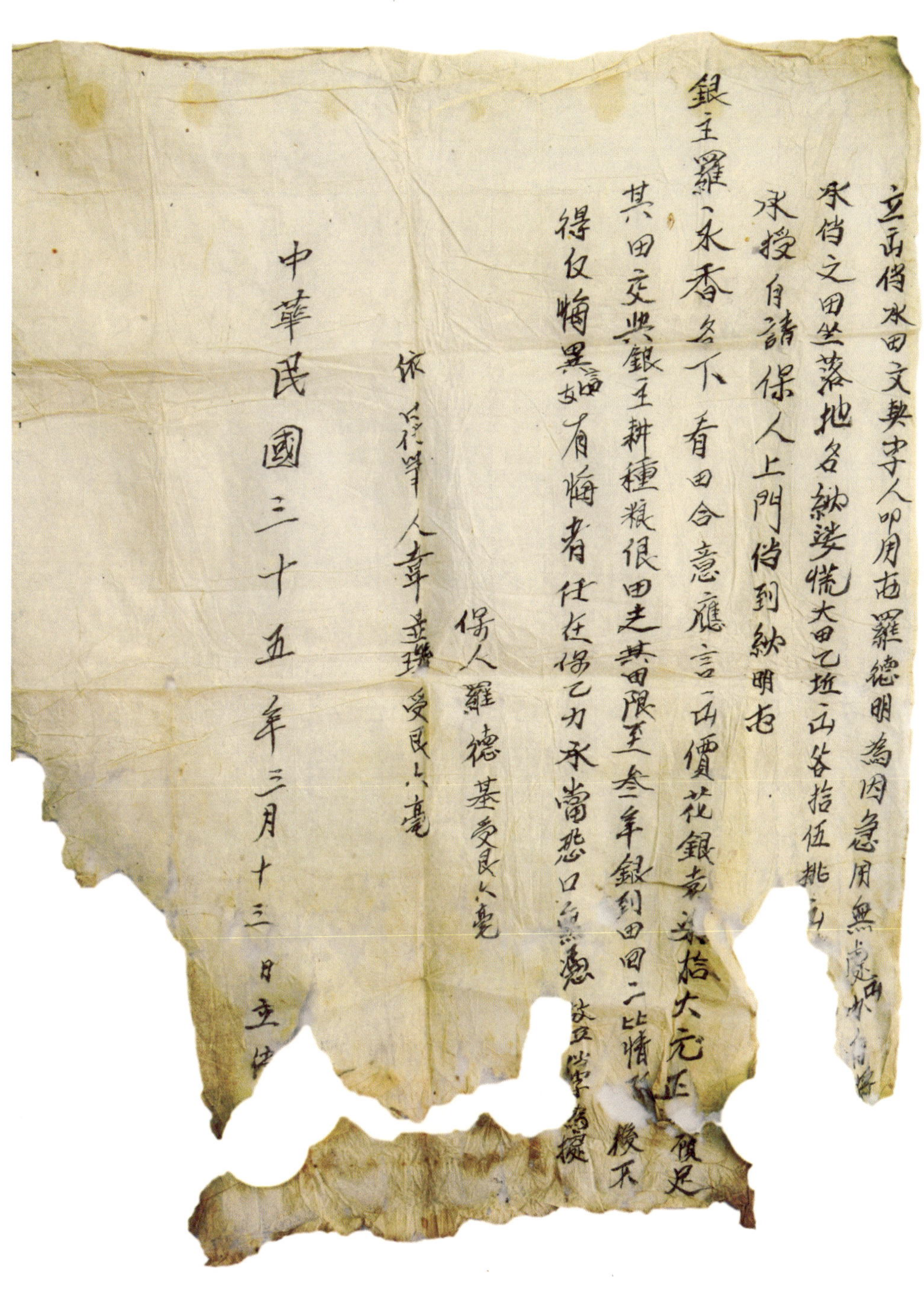

立出佃水田文契字人叩用出羅德明 為因急用無處出[illegible]
承佃之田坐落地名納婆慌大田乙坵出各指伍挑出
承授自請保人上門佃到納明志
銀主羅ㄟ永香名下 看田合意應言ㄟ出價花銀壹拾大元正ㄟ領足
其田交與銀主耕種粮很田走其田限至叁年銀到田回二比情[illegible] 不
得仗悔異言如有悔者任在保乙力承當恐口無憑 故立佃字為據
保人 羅德基 受艮六毫
依口代筆人 韋杰瓚 受艮六毫
中華民國三十五年三月十三日立佃

58.王秀文当水田契（民国三十年十月二十七日）

立出当水田文契字人尧山王秀文，今因家下……银应用，自将八沙纳更小湾田乙丘，出谷五挑，先门（问）房族，后门（问）寨邻，无人承受，是以请凭中证人上门，出当与告用银主罗永华名下。看田如意，即日三面议定当价随市袁……银拾贰园（元）本整。凭中证人乙手足，并无下欠分毫。……之后，恁（任）从银主下田耕种，收花吃谷，其田限四年年限以满，有银赎取，无银不敢加补，又不敢当与别人。若有反悔者，任在凭中人乙力承耽（担）。此系二比心肝（甘）情愿，不得压逼等情。今恐人心难古，立出当字为据。

依口代笔人　冉美堂　受中央二元

凭中证人　冯老榜　受中央二元

中华民国卅年辛巳岁十月廿七日　立字

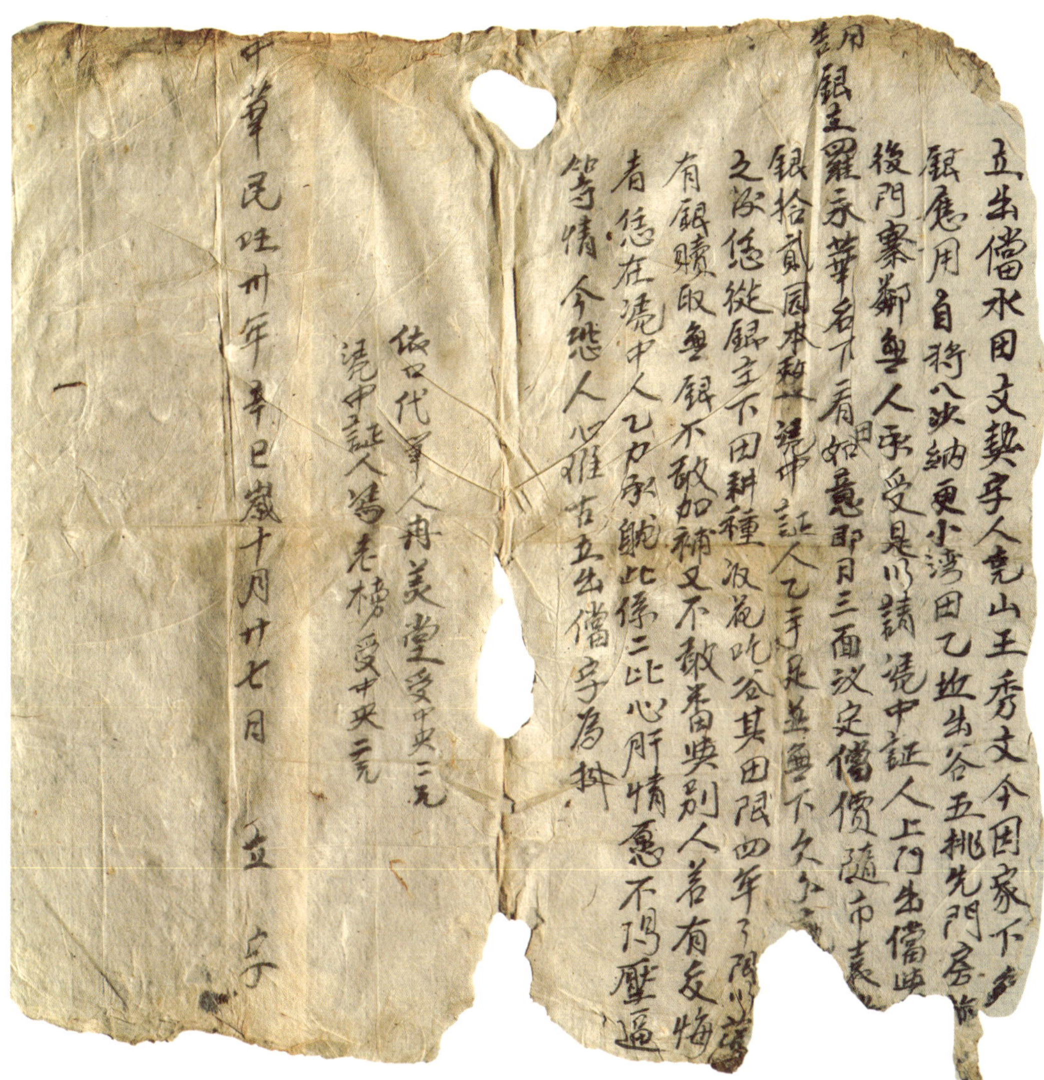

立出當水田文契字人堯山王秀文今因家下無
銀應用自將八洪納更小灣田乙坵出谷五挑先門房族
後門寨鄰無人承受是以請憑中証人上門出當與
銀主羅永華名下看田如意即日三面議定當價隨市
銀拾貳圓本利 憑中証人乙手足並無下欠分文
之後任從銀主下田耕種收花吃谷其田限四年了限以後
有銀贖取無銀不敢加補又不敢當與別人若有反悔
者任在憑中人乙力承耽此係二比心肝情愿不得壓逼
等情今恐人心難古立出當字為据

依口代筆人冉美堂受中央二元
憑中証人楊老榜受中央二元

中華民國卅年辛巳歲十月廿七日 立字

59. 王甫光断卖水田契（民国三十五年二月十三日）

［立］出永远绝断卖水田文契人系纳必屯王甫光，今因家下恺中无银，急用无处方辨（办），自将祖父遗下之田，坐落地明（名）纳半坡[1]田，大小壹坝，出谷拾伍挑，脚踏手指，四至分明，先问族内，后问寨林（邻），无人承受，自愿请凭中族人上门，出卖与纳明屯买主罗永华、罗永香兄弟二人名下。看田如意，愿出买价花银壹佰伍拾大圆正。亲手领清白，即日买契两交清楚，每□壹毫粮。此田犹如高坡滚石、水流东海，永不回头，壹卖壹了，贰卖贰完，王姓子孙发达，有力不得续取，无力不得加补，倘若再为发达，龙角一对，水花伍斤，不得取回，田边上下左右、壹丈贰尺在内。二比情愿，不得押逼情事争端，倘若争论反悔，族中在场耽（担）当，交与罗姓子孙永远管业。故立永远断卖字为据。

卖主人　王甫光[2]手押
在场族中人　王老引　受银壹大元手押
依口代笔人　王良周　受银壹大元
中华民国丙戌叁拾伍年二月十三日　立字

【注释】

[1] 纳半坡，naz bangx bol[nɑ^{11} pɑŋ^{31} po^{24}]，地名。

[2] 甫光，boh guangh[po^{33} kuɑŋ^{33}]，人名。

出永遠絕斷賣水田文契人係納必屯王甫光今因家下缺中無銀急用無處方辦自將祖父遺下之田坐落地明納半坡田大小壹坵出各拾伍挑脚踏手指四至分明先問族内後問寨林無人承受自願請憑中族人上門出賣與納明屯

買主 羅永華香兄弟二人名下看田如意應出買價花銀壹佰伍拾大圓正親手領清白即日買契兩交清楚每年壹毫糧此田猶如高坡滾石水流東海永不回頭壹賣壹了弍賣弍完王姓子孫房族有力不得續取無力不得加補倘若再為房族龍角壹対水花鄉伍鄉不得取回田邊上下左右壹丈弍尺在内二比情願不得押逼情事爭端倘若爭論及將族中在塲眈當交與羅姓子孫永遠管業故立永遠斷賣字為據

賣主人王甫光 手押

在塲族中人王[illegible]引 受銀壹大元手押

依口代筆人王良周 受銀壹大元

中華民國丙戌叁拾伍年二月十二日立字

60.罗甫汉收清字（某年二月二十七日）

……厘又有罗甫汉[1]一并收清田价扰，黄佘引田价乙并交清，并无下欠分文，不得异言番（反）悔，若有房族弟兄番（反）悔，有罗甫汉乙厘（力）成当。恐口无凭，立出收清为据。

依口代笔人　冉文安

……年二月廿七日　立出收字

【注释】

[1] 罗甫汉，甫，boh，父亲之意；汉，小孩名。

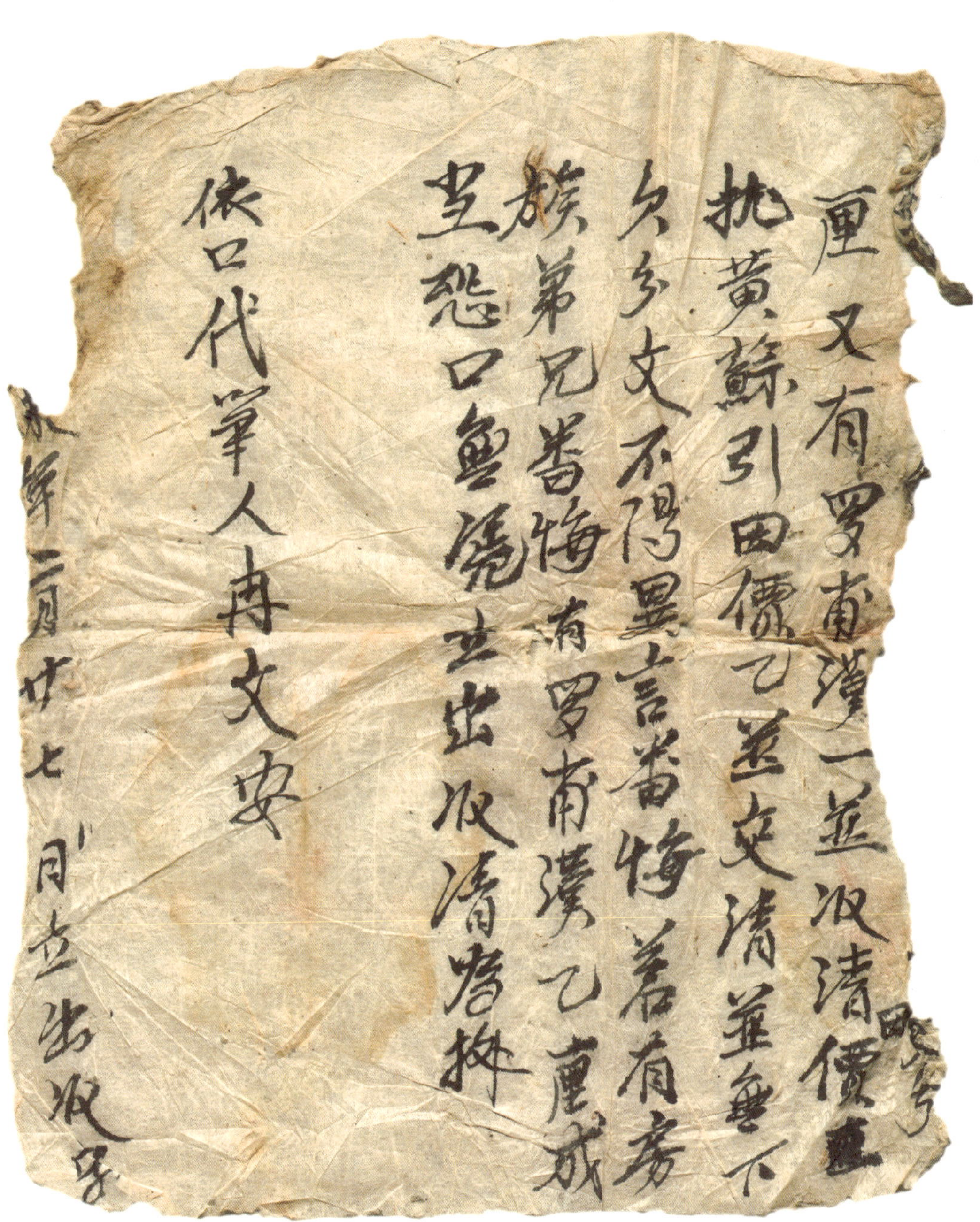

厘文有罗甫漢一並收清價■
抛黄蘇引田價乙並交清並無下
欠分文不得異言番悔若有房
族弟兄番悔有罗甫漢乙厘成
当恐口無凭立出收清字据
依口代筆人冉文安
□年二月廿七日立出收字

61. 王甫玉金绝卖私田契（时间不详）

立绝卖私田文契字人品乾王甫玉金，为因家下贫寒，日食难度，自愿将到祖遗之田，坐落地名纳马赖[1]田，大小十一丘，出谷十二挑，自请凭中房族人上门，出卖与下倴亭黄平仁名下为业。自日受买价□□陆拾元正，亲手领明应用。即日三面议定，其……项，任从银主永远管业，万代……，日后有力不得取赎，无力不敢加补。此系二比情愿，日后不敢反［悔］异言，如有者，惟有凭中人乙力承耽（担）。今恐口无凭，立绝卖字为据。

凭中人　罗甫种　受银八毛

元引

代笔　黄平经　受银六毛

【注释】

[2] 纳马赖，naz mac lail[na^{11} ma^{53} lai^{24}]，地名。

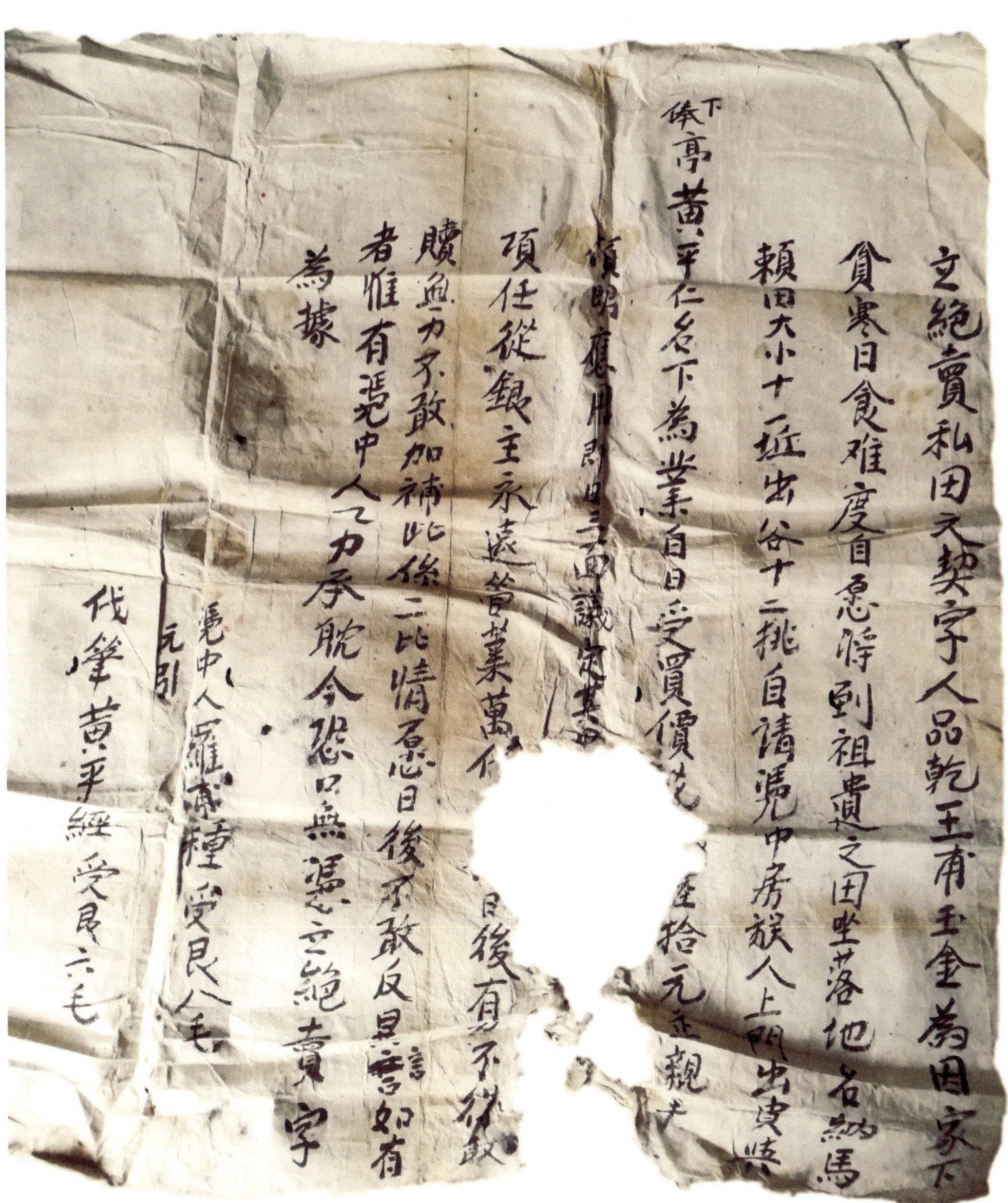

立絕賣私田文契字人品乾王甫玉金爲因家下
貧寒日食难度自愿將到祖遺之田坐落地名納馬
賴田大小十一坵出谷十二挑自請憑中房族人上門出賣與
下條亭黃平仁名下爲業自日受買價[illegible]拾元正親手
領明應用[illegible]議定其[illegible]
項任從銀主永遠管業萬不[illegible]日後有不得[illegible]
贖無力不敢加補此係二比情愿日後不敢反悔言如有
者惟有憑中人乙力承耽今恐口無憑立絕賣字
爲據
元引
憑中人羅秀種受艮八毛
代筆黃平經受艮六毛

62.王甫爱曲绝卖私田契（时间不详）

立绝卖私田文契字人王甫爱曲，为因家下贫寒，日食难度，自将祖父遗留之业田，坐落地名纳桃、怕高[1]田两处，大小拾丘，出谷拾挑，纳桃上底（抵）坡，下底（抵）河，怕高上底（抵）罗家，下底（抵）河，自请中人上门，出卖与本寨黄陆氏名下为业耕种。即日得受价银贰佰元整，本亲手领钱明。双方仪（议）定，其田自卖之后，任从买耕种，子孙永远管业，勿得反悔异言，及房族人等。今恐口无凭，立绝卖字为据。

卖主人　王甫爱曲

凭中人　班甫有祝

代笔人　池景忠

【注释】

[1] 纳桃，naz daauz[nɑ^{11} tɑːu^{11}]；怕高，bas gaauz[pɑ^{35} kɑːu^{11}]，均为地名。

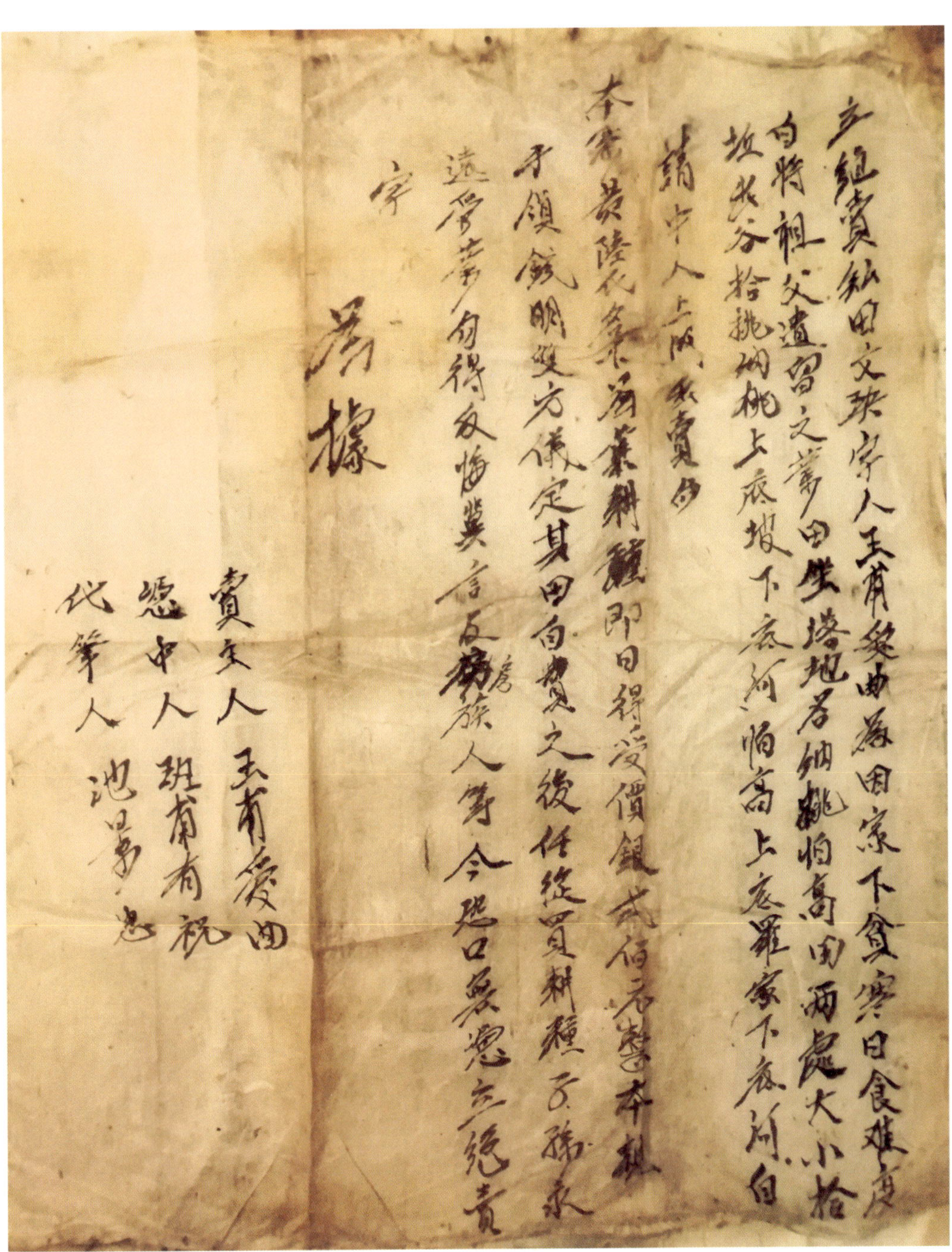
立絕賣私田文契字人王有愛曲為因家下貧寒日食難度
自將祖父遺留之業田坐落地名納桃怕高開酒處大小拾
坵共谷拾挑納桃上底坡下底河怕高上底羅家下底河自
請中人上門出賣與
本寨黃陸代名下為業耕種即日得受價銀貳佰石整本親
手領錢明決方儀定其田自賣之後任從買主耕種子孫永
遠管業勿得反悔異言房族人等今恐口無憑立絕賣
字為據
賣主人 王有愛曲
憑中人 班甫有祝
代筆人 池得忠

63. 罗甫用断卖屋基字（公元一九五一年四月初四日）

立出断卖屋基字人纳交[1]寨罗甫用[2]，为因家下贫寒，难以度日，无处出办，只得夫妻商议，愿将祖父遗下私业，座（坐）落地名唤纳交上寨屋基，上抵罗姓之墙坎，下抵鄂姓园里，右齐大路，左齐买主，四界草木不留分明，情愿请凭中人登门，出断卖与本村罗起贤为业。当凭中人授（受）过滇洋叁拾伍枚整。即日当三面言定，亲手接明归家应用，并无尾欠分文。任由买主选吉搬入居住或另起作新房，不得阻拦。日后卖主子孙虽有石崇之富，不能赎回；贫若范贪之家，无能加补，由（犹）如花座不留枝，此系了卖了，地基挖出黄金白玉，是买主之命，比如高山滚石无归踪，当安投税，不敢力难，并无反悔异言。今恐无凭，特立断卖乙纸付与为据。

画字人　苏甫滚　授银贰枚押

凭中人　鄂玉光　授银壹枚押

依口代笔人　鄂云斋　授银壹枚押

民国四十年（一九五一年）四月初四日　立

【注释】

[1] 纳交，naz jaus[nɑ^{11} tɕɑu^{35}]，寨名。

[2] 甫用，boh yongl[po^{33} joŋ^{24}]，人名。

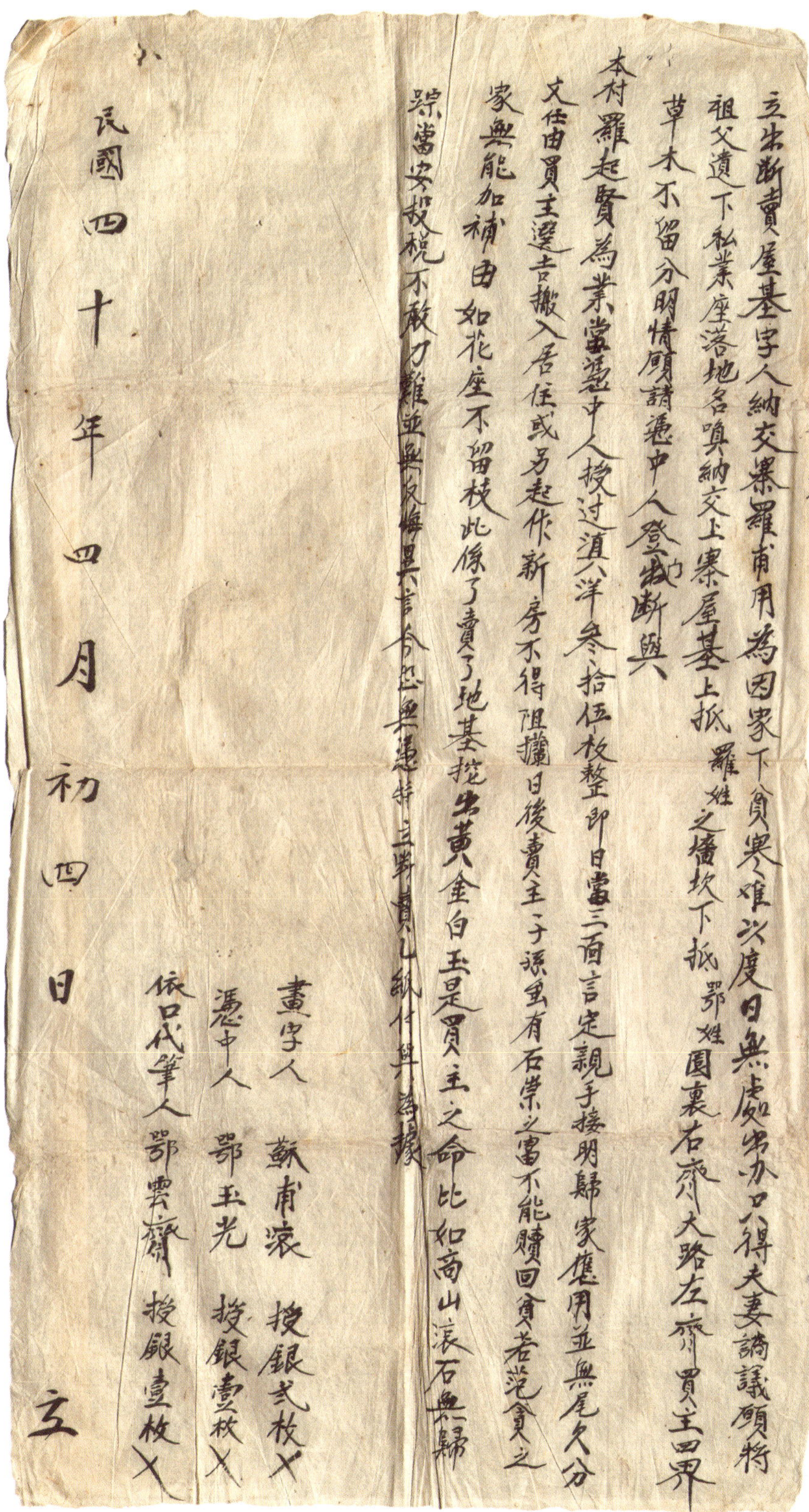

立出断賣屋基字人納交寨羅甫用為因家下貧寒难以度日無處出办只得夫妻請議願將
祖父遺下私業座落地名嗅納交上寨屋基上抵羅姓之墻坎下抵鄂姓園裏右抵大路左抵買主四界
草木不留分明情願請憑中人登門斷與
本村羅起賢為業當憑中人接过滇洋叁拾伍枚整即日當面言定親手接明歸家應用並無尾欠分
文任由買主選吉搬入居住或另起作新房不得阻攔日後賣主子孫虽有石崇之富不能贖回貪若范丹之
家無能加補因如花座不留枝此係了賣了地基挖出黃金白玉是買主之命比如南山滾石無歸
踪當安投税不敢刁難並無反悔異言今恐無憑特立斷賣紙付與為據

畫字人 蘇甫滚 接銀弍枚 ✗
憑中人 鄂玉光 接銀壹枚 ✗
依口代筆人 鄂雲齋 接銀壹枚 ✗

民國四十年四月初四日 立

64. 鄂玉堂当私水田契（公元一九五〇年三月初六日）

立出当私水田文契人纳蛟[1]寨鄂玉堂，为因手中急迫，无银使用，只得父子商议，愿将祖人遗下之私业，座（坐）落田名唤纳旁赖[2]水田，大小拾陆丘，计种拾斤，脚踏手指，四界分明，亲自请凭中正（证）人上门，出当与柯杉寨□□□名下。即日出过当价袁光叁拾叁圆整。当凭笔下交清，并无少欠分文。自当之后，任随银主耕种，收租作利。限当三春，银到归回，并无返（反）悔异言。今恐口不凭，特立当字乙纸为据。

凭中人　冉崇汉　受滇洋乙枚

代笔人　陈茂槐　同

中华民国三十九年（一九五〇年）三月初六日　立

【注释】

[1] 纳蛟，naz jaus[nɑ^{11} tɕɑu^{35}]，寨名。

[2] 纳旁赖，naz bangx lail[nɑ^{11} pɑŋ^{31} lɑi^{24}]，田名。

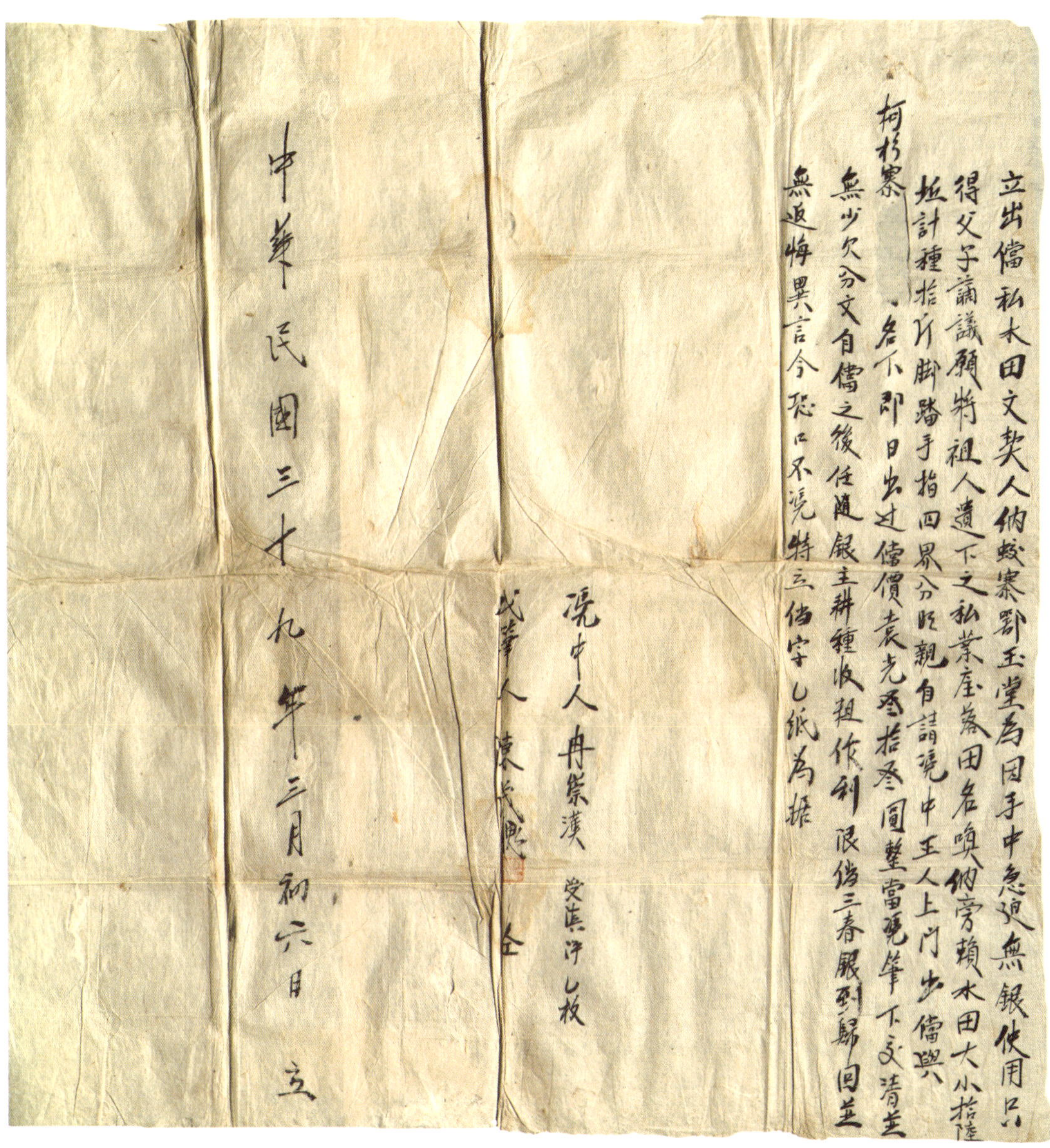

立出當私木田文契人納蚊寨鄧玉堂為因手中急迫無銀使用只
得父子商議願將祖人遺下之私業座落田名喚納旁賴木田大小拾陸
坵計種拾斤脚踏手指四界分明親自請憑中王人上门出當與
柯杉寨[illegible]名下即日出过當價袁光叁拾叁圓整當憑筆下交清並
無少欠分文自當之後任随銀主耕種收租依利 限倘三春服到歸回並
無返悔異言今恐口不憑特立借字乙紙為據

憑中人 冉崇漢 受滇洋乙枚

代筆人 陳光照 仝

中華民國三十九年三月初六日 立

65. 韦联兴进赘契（民国三十一年三月十五日）

具立进赘文契字人者康[1]寨韦联兴，于往龄将已配合成家。余以佳妇原命无长，早已归天，联兴于世，鳏居多年，仰天无路，俯地无门，只特兄弟到前会合，即请蹇修[2]求到烟洋[3]寨鄂公问前年承获陋女配合自男，奈以自男其命无长，弃父归天。联兴无嫌陋丑，不畏拙屈，情愿顶代香烟，万辈取名，千年守姓，一心一力，均养其老，犹似古人曰“菽水承欢”，只由竭力恭养者矣，东逃西散，万分不能。设若夫妻议合，东走西赴，□有韦姓兄弟担负全责；对于父老之生活，生者养之，泯者葬之；设若生者不养，泯者无葬，一切不顾，此其全责，必到韦□堂兄堂弟受种束缚；设父归老仙之年，不容心顾葬，包身逃避，一切事形不观，另出国币贰佰肆拾元，其国币归入鄂姓堂兄堂弟之手，由各鄂姓堂兄堂弟共同之葬者也。对于联兴儿子名唤诗春，改换姓名，应养婶母，当其亲母之爱矣，婶母吩咐如似亲子之爱矣，不可许其婶子纣（纠）纷内患，由此而亲之。从此以后，韦姓与及鄂姓不能争论多端，亦不能返（反）悔恶言。若有争论多端，设有返（反）悔恶言，稽手古人之谓曰“覆水难收”，系问蹇修之人，一力承耽（担），不以鄂姓费其血汗之钱。恐后不凭，故事势其寸纸赴公评论，究中不致虚。防后不凭，故特立进赘字一纸为据，存照。

房族之人　韦绍元　韦联华　韦联周押

媒证之人　王由全　王由孟押

嘱于叔父　韦甫孝益[4]押

依口代笔人　王周穆

每人授国币壹元

中华民国三十一年三月十五日　联兴　实立

【注释】

[1] 者康，xomc haangl[ɕom^{53} xaːŋ^{24}]，寨名。

[2] 蹇修，媒人。

[3] 烟洋，byas yeeuh[pja^{35} jeːu^{33}]，寨名。

[4] 甫孝益，boh xaaul yiz[po^{33} ɕaːu^{24} ji^{11}]，人名。

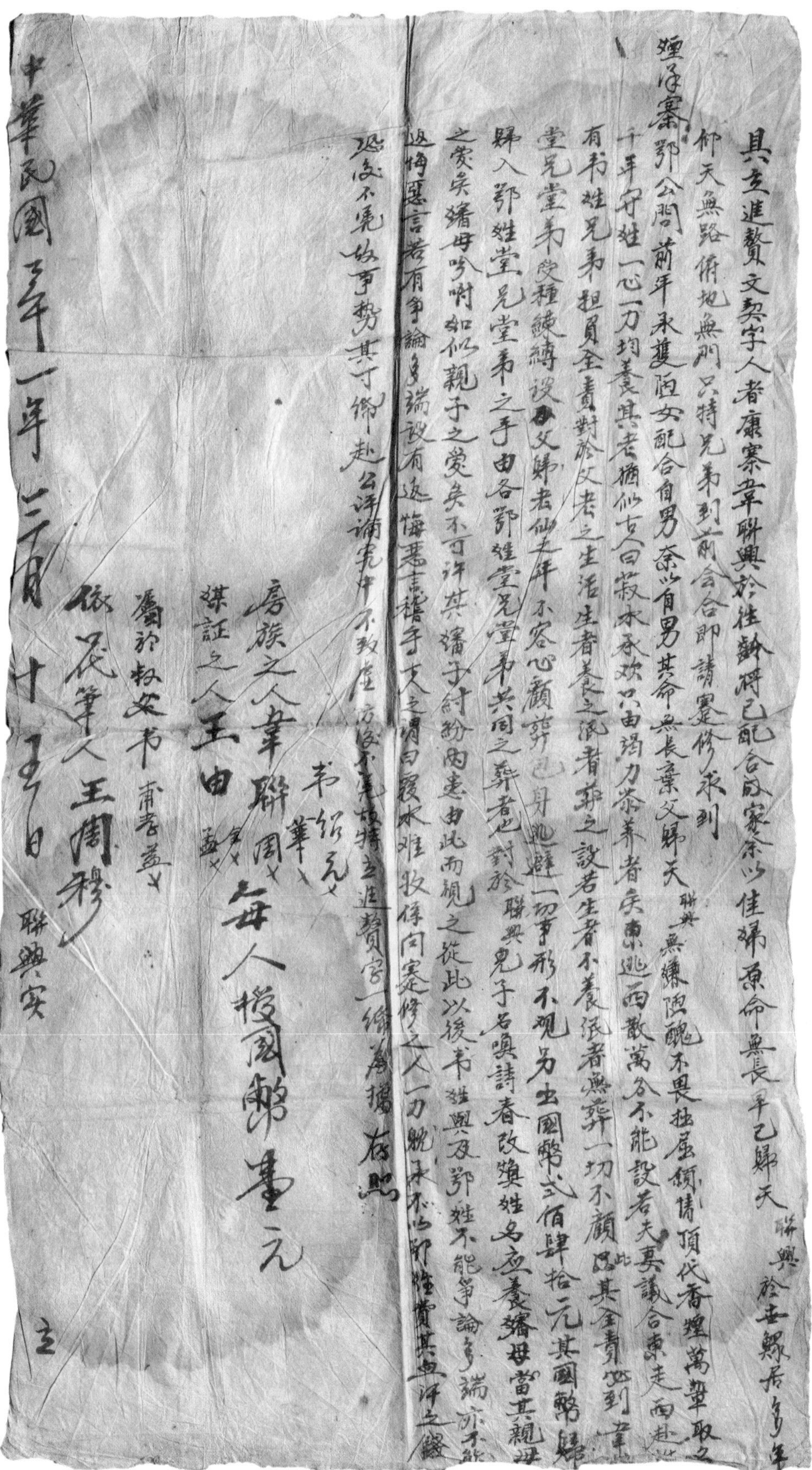

具立进赘文契字人者康寨韦联兴於往龄将已配合啟家余以佳妇原命无长早已归天 联兴於吾县居多年
仰天无路俯地无门只特兄弟到蒲合合即请蹇修求到
烟保寨鄂公门前年承蒦陋女配合自男奈以自男其命无长弃父归天 联兴无嫌陋丑不畏拙屋愿情顶代香烟万辈取之
千年守姓一心一力均养其老犹似古人曰菽水承欢只由竭力恭养者矣东逃西散万分不能设若夫妻议合东走西赴
有弟姓兄弟担负全责对於丈老之生活生者养之死者葬之设若生者不养死者无葬一切不顾此其全责必到韦
堂兄堂弟受种馀缚设每丈妇老仙之年不容心顾葬己身逃避一切事形不观另出国币弍佰肆拾元其国币归
归入鄂姓堂兄堂弟之手由各鄂姓堂兄堂弟共同之葬者也对於联兴儿子吾嗅诗春改换姓名应养赡母当其亲母
之爱矣赡母吩咐如似亲子之爱矣不可许其赡子纷纷内患由此而观之从此以後韦姓与及鄂姓不能争论多端亦不能
返悔恐言若有争论多端设有返悔恶意稽手丈人之谓白发水难收俾向蹇修之人一力躭承不与鄂姓费其毋评之经
恐後不凭故事势其寸乡赴公评论究中不致虚污後不凭故特立进赘字一纸为据存照

房族之人韦联周✕
弟 绍元✕ 华✕
每人授国币壹元
媒证之人王由全✕ 孟✕
书於叔安弟甫孝孟✕
依口代笔人王周穆

中华民国三十一年十二月廿五日 联兴实 立

66.鄂玉堂土地管业执照（民国三十六年十月）

望谟县土地管业执照

字第　号

兹查得业户鄂玉堂管有田地〇百〇拾肆亩叁分〇厘编为下列各丘号，经审核，确实除编列本县粮册第一区第纳交联保盈字段入册，外合行填发管业执照以凭管业。

丘号块数		四至				坐落土名	亩分	等则	粮额
		东	南	西	北				
271						过者[1]	九	二一	四〇
273						将冬[2]	三四	二一	一五

右给业户鄂玉堂收执

中华民国卅六年十月　日填发　处长印章

【注释】

[1] 过者，gogt jedt[kok^{35} tɕwt^{35}]，田名。

[2] 将冬，jangh dongh[tɕaŋ^{33} toŋ^{33}]，田名。

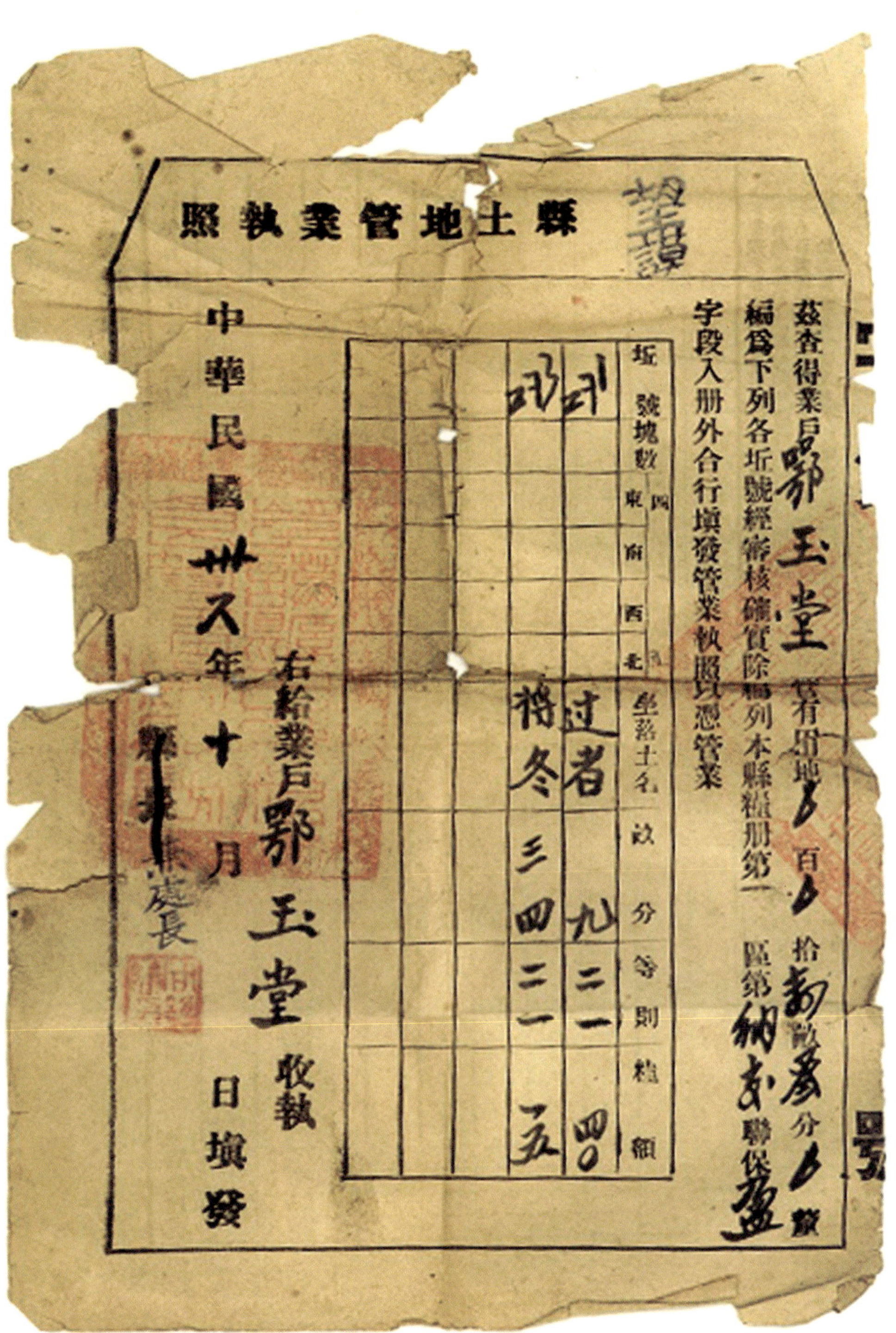

縣土地管業執照

茲查得業戶鄂玉堂管有田地夕百夕拾贰畝叁分夕釐
編為下列各坵號經審核確實除編列本縣縣冊第一區第納交聯保盈
字段入冊外合行填發管業執照以憑管業

坵號塊數	四至 東 南 西 北	坐落土名	畝分等則	糧額
[illegible]		过者	九二一	四
[illegible]		樁冬	三四二一	五

右給業戶鄂玉堂收執

中華民國卅八年十月　日填發

縣長

67.鄂云邦土地管业执照（民国三十六年十月）

望谟县土地管业执照

字第　　号

兹查得业户鄂云邦管有田地〇百〇拾叁亩柒分〇厘编为下列各丘号，经审核，确实除编列本县粮册第区第纳交联保盈字段入册，外合行填发管业执照以凭管业。

丘号块数		四至				坐落土名	亩分	等则	粮额
		东	南	西	北				
276						傍奈[1]	一七	二一	七五
295						大田[2]	二〇	二一	八八

右给业户鄂云邦收执

中华民国卅六年十月　日填发　处长印章

【注释】

[1] 傍奈，bangx laail[paŋ^{33} laːi^{24}]，田名。

[2] 大田，naz laaux[nɑ^{11} laːu^{31}]，田名。

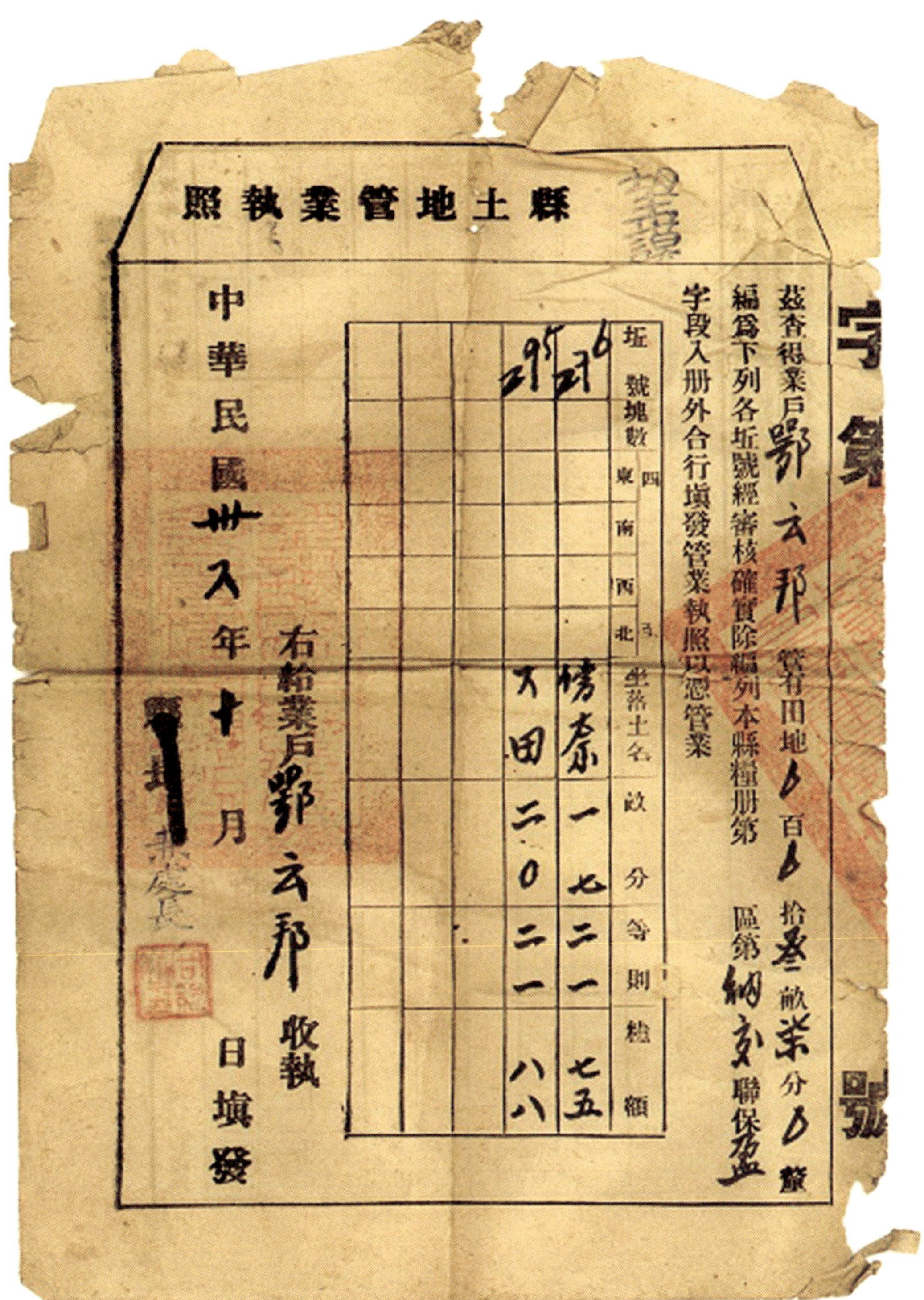

縣土地管業執照

字第 號

茲查得業戶鄂云邦管有田地六百六拾叁畝柒分六釐編爲下列各坵號經審核確實除編列本縣糧册第 區第納交聯保盈字段入册外合行填發管業執照以憑管業

坵號塊數	四至 東 南 西 北	坐落土名	畝	分	等則	糧額
295		塝奈	一	七	二	一	七五
296		大田	二	〇	二	一	八八

右給業戶鄂云邦收執

中華民國卅八年十月 日填發

縣長

68.鄂云州土地管业执照（民国三十六年十月）

望谟县土地管业执照

字第　号

兹查得业户鄂云州管有田地〇百〇拾叁亩柒分〇厘编为下列各丘号，经审核，确实除编列本县粮册第区第纳交联保盈字段入册，外合行填发管业执照以凭管业。

丘号块数		四至				坐落土名	亩分	等 则	粮 额
		东	南	西	北				
272						将冬[1]	三四	二一	一五〇
332						拉来[2]	三	二一	一四

右给业户鄂云州收执

中华民国卅六年十月　日填发　处长印章

【注释】

[1] 将冬，jangh dongh[tɕaŋ^{33} toŋ^{33}]，田名。

[2] 拉来，lac raiz[la^{53} zai^{11}]，田名。

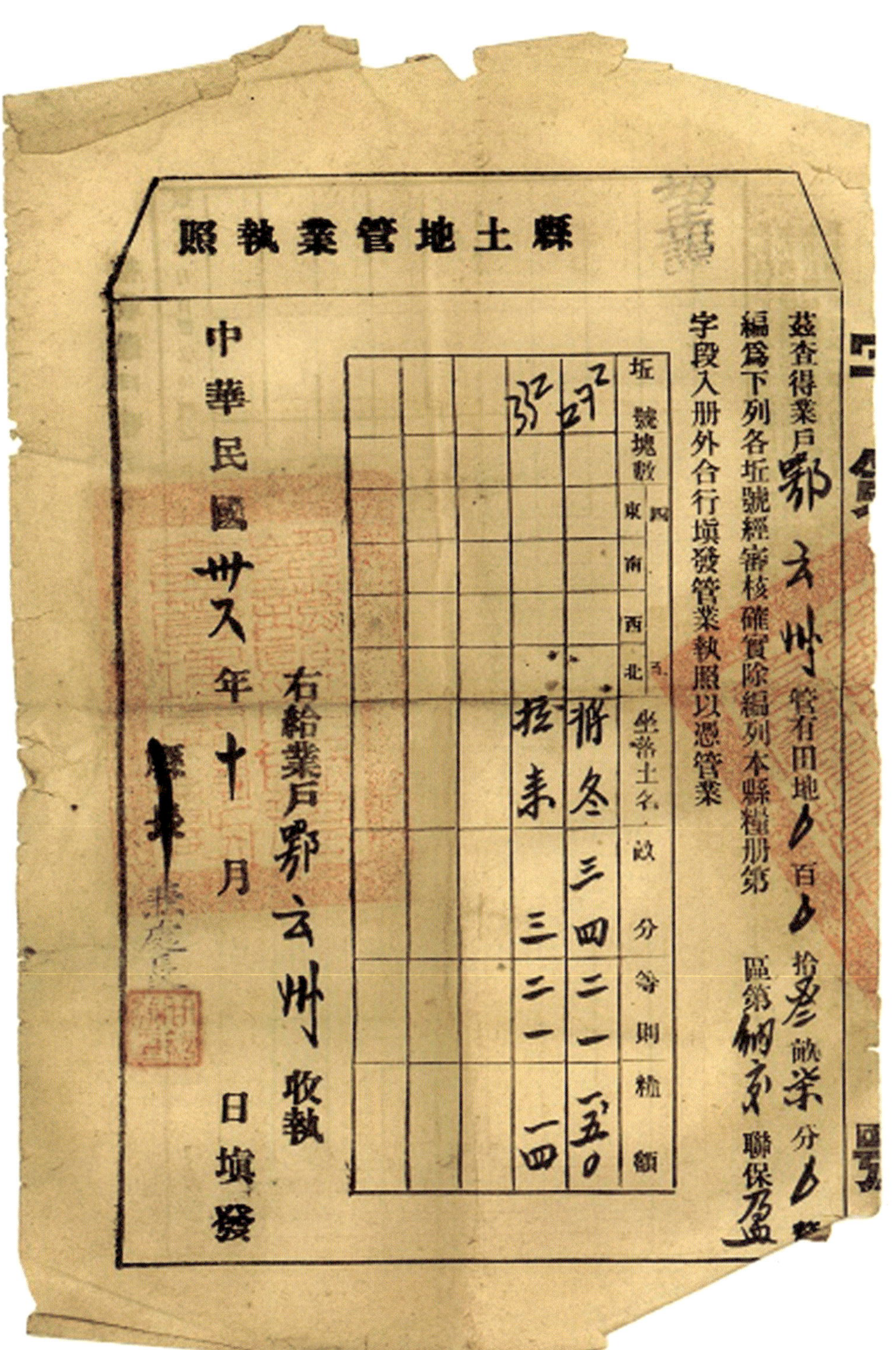

縣土地管業執照

茲查得業戶鄂玄州管有田地 百 拾叁畝柒分 釐編爲下列各坵號經審核確實除編列本縣糧册第 區第綱京聯保盈字段入册外合行塡發管業執照以憑管業

坵號塊數	四至 東 南 西 北	坐落土名	畝 分	等則	糧額
472		將冬	三四二一		一五〇
352		拉耒	三二一		一四

右給業戶鄂玄州收執

中華民國卅六年十月 日塡發

縣長

油腊寨陈波家藏文书

69.陈陞福调换私土契（民国二十三年二月）

立出永远掉换私土文契人……陈陞福，为因土隔村远，难以往来耕种，故得……投，情愿将各人先年买得韦……名唤由腊[1]贝（背）后大路上长塆土乙幅，上抵冉姓之土坎为界，下抵大路为界，左抵韦国情之……梁为界，此皆换主亦各望界分明，情愿当凭上门，掉换与由腊寨韦国恩名下永远耕种为业。……后任随耕种收花作利，投税过割，世代子孙永远管业，随蓄随挖，寸草一木不留，犹如高山……回头。此系二比亦各心甘情愿，并无套哄之情。今恐口不凭，故立掉换字乙纸付与永远为据。

中证人　陈陞文

［代笔］人　杨景山

民国二十三年二月□□　立掉换字是实

【注释】

[1] 由腊，yah ruax[jɑ^{33} zuɑ^{31}]，寨名。

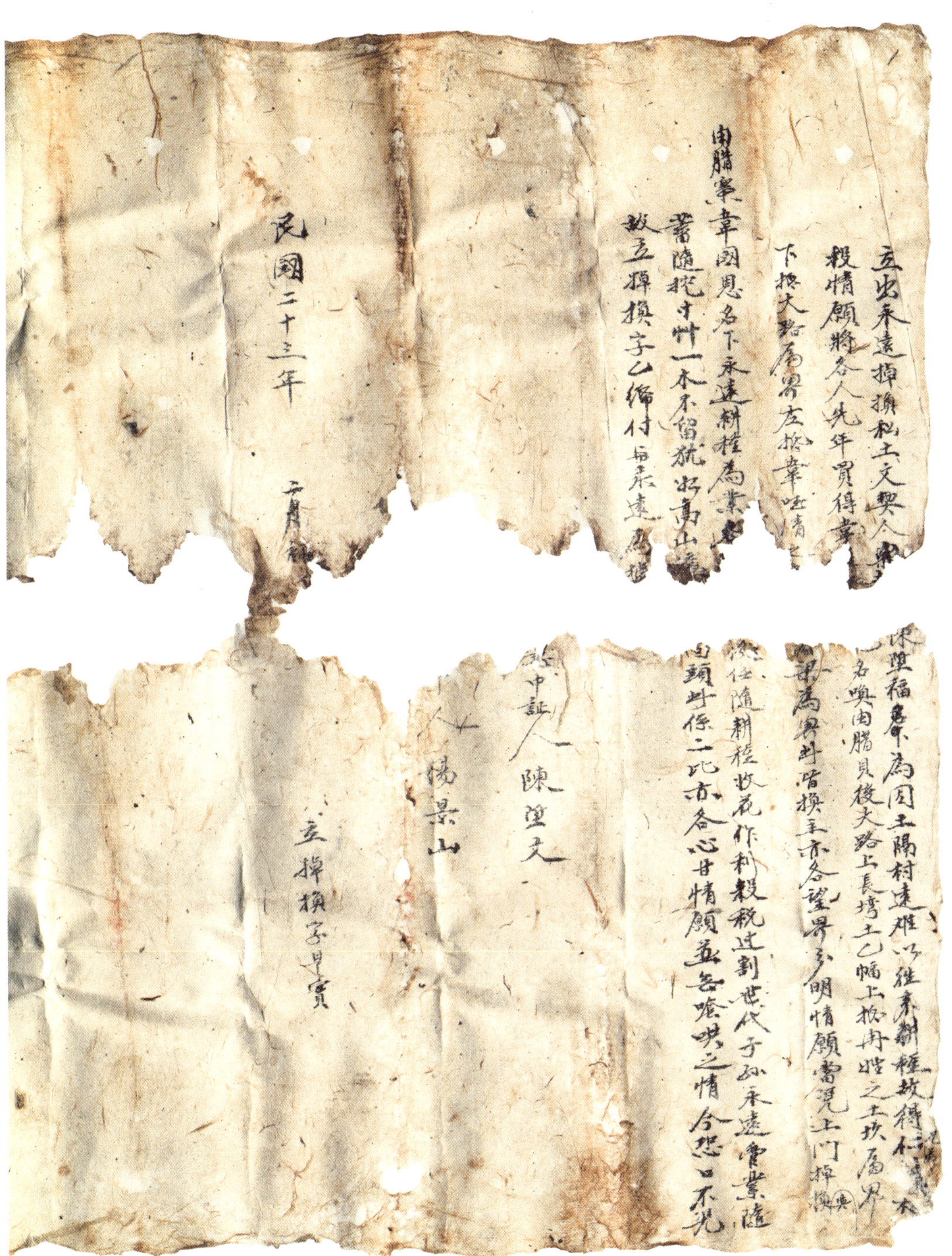

70.吴光明断卖私荒山熟土契（民国三十八年正月二十日）

立永远断卖私荒山熟土文契人由腊[1]寨吴光明，为因账目难还，只得夫妻商议，就将祖父遗下之业，坐落地名唤岜昂[2]土壹幅，上抵沟，下抵吴姓之业为界，左抵杨姓之业为界，右抵吴岑韦姓之业为界，凭中脚踏手指，至四面清白，今情愿请凭中人上门说合，立卖与本寨妹弟韦国胜名下承受为业。是日当凭三面言定，授过土价滇银伍拾个中元正。其银当凭笔下交清，卖主领明银回家应用，并无少欠分文。自卖之后，任随买主上庄耕种，万代子孙永远管业，不论青白黄泥、壹木寸草不留，犹如高山滚石，永不回头。卖主虽子子孙孙房族人等，已在未在，不得前来争论，虽有银不敢取赎，无银不敢加补。二比心甘意愿，并无反悔异言。今恐口无凭，人心不古，故立断字乙纸为据。押

过付房族凭中人　吴光文押

吴光全押

依口代字人　吴光达押

共受小钱各壹个中元押

民国卅十八年正月廿日　立字实押

【注释】

[1] 由腊，yah ruax[jɑ^{33} zuɑ^{31}]，寨名。

[2] 岜昂，bas qyaangx[pɑ^{35} ʔjɑːŋ^{31}]，地名，村口之意也。

立永远断卖私荒山熟土文契人油腊寨吴光明今因眼目难过只得夫妻商
議就將祖父遺下之業坐落地名喚岜昂土壹幅上抵溝下抵吴姓之業為
界左抵楊姓之業為界右抵吴秀章姓之業為界憑中脚踏手指至
四面清白今情願請憑中人上門說合立賣與 本寨妹第
章國勝名下承受為業是日當憑三面言定授过土價滇银伍拾個中元正其
银當憑筆下交清 賣主 領明银回家應用並無少欠分文自賣之
後任隨 買主上座耕種萬代子孫永遠管業不論青白黄境壹木寸草
不留猶如高山滚石永不回頭 賣主 雖子子孫孫房族人等已在未在不得
前來爭論雖有银不敢取贖無银不敢加補上此心甘意願並無反
悔異言今恐口無憑人心不古故立断字一纸為执

过付房族 憑中人 吴光文十 吴光全十 共受小文各壹佰中元

依口代字人 吴光達十

民國卅十八年 正月廿日立字 實

71.陈正明分关字（公元一九五一年正月三十日）

具立分关字人犹华[1]寨陈正明，兹因叨蒙祖德，所生四子，长子国恩、次子国盛、三子国显、四子国兴等，今已课读、完婚具备，且为父年近古稀，家政一切难以维持，只得凭请族中及父老人等集中舍间，所将祖父遗下并自己赎获之产业、园圃、屋基，肥脊（瘠）互搭，好丑相兼，均分四股，先书字号，后自拈阄，以杜猜疑。当凭分关以后，惟望汝等各以自立为人，克勤克俭，各管各业，弟兄妯娌，首尾相顾，不能以强欺弱，乃邀天主荫庇，只能家道侵昌，子孙发达，兰桂腾芳。以后倘有忘遗父嘱者，请大同攻奸，特当凭书立分关四张，各执壹张，永远存照。

计开各股均分业事于后。

长子所受之业：纳更[2]田壹份，大小伍丘，熟谷叁拾伍挑，土塘边肆台、张躲又塘边土另壹台，青岗林路赶（坎）上土壹幅，更然[3]土中半折壹幅，哄耕[4]土壹幅，弄林[5]过怀劳[6]土壹幅，耙交[7]园圃屋基合共贰台。

次子所受之业：纳倘亥[8]田壹份，大小叁丘，更然[9]田壹份，共合伍丘，熟谷共叁拾伍挑，青岗林路赶（坎）脚近河边土壹幅，又更然张躲坟边土共贰台，巧求[10]土壹幅，弄更然牺衣来[11]土壹幅，哄劳[12]上半折土壹幅，岜暗[13]土壹幅，又弄林拉纳暗[14]土壹幅，耙交园圃屋基共贰台。

三子所受之业：纳更田壹份，大小柒丘，秧田壹半折，合共熟谷叁拾伍挑，土纳更土壹幅，青岗林路赶（坎）脚挨近梁上土壹幅，弄更然上半折土壹幅，哄劳下半折土壹幅，更墓[15]土壹幅，衣三乏[16]土壹幅，弄林上大坪土壹幅，过若[17]土壹幅，寨中老屋基园圃共贰台。

具立分關字人猫華寨陳正芸（明）因叨蒙祖德所生四子 長子國恩 次子國盛 三子國顯 四子國興

等合已課讀完婚俱備，且為父年近古稀，家致一切難以維持，只得邀請族十及父老

人等集于金同所，將祖父遺下並自己積獲之產業園圃屋基肥瘠互搭將醜相秉均

分四股，先書字號，後自拈鬮，以杜猜疑。當凭分關以後，惟望汝等各以自立為人，克勤克

儉，各管各業，弟兄妯娌首尾相顧，不能以強欺弱，可邀天主蔭庇，祇能家道優昌，子

孫發達，蘭桂騰芳。以後倘有忘遺父囑，為請大同攻奸特當。凭書立分關四張，各執

壹張，永遠存照。

計開各股均分業事於后

長子所受之業，納更田壹份，大小伍坵，數共叁拾伍挑，（土）塘边肆台、躲文塘边土壹台，

青崗林、路趕之土壹幅，更盤土中半折壹幅，哄耕土壹幅，美林边牡勞土壹幅，杷哀

園圃屋基合共弍台。

次子所受之業，納倘亥田壹份，大小叁坵，更盤田壹份，共合伍坵，數共叁拾伍挑，青崗林

路趕脚近清边土壹幅，又更盤張躲清边土共弍台，巧乳土壹幅，美更盤細衣東土壹幅，

哄勞之牛折土壹幅，邑皆土壹幅，美林拉納皆土壹幅，杷文園圃屋基共弍台。

三子所受之業，納更田壹份，大小叁坵，拱田壹半折，合共數共叁拾伍挑，（土）納更土壹幅，

青崗林、路趕脚旁近梁之東土壹幅，美更盤之半折土壹幅，哄勞下半折土壹幅，更基

土壹幅，夜任之土壹幅，美林之大坪土壹幅，近若土壹幅，塞中老屋基園圃共

弍台。

四子所受之业：耙交屋边田大小伍丘，又纳更田壹丘，纳假[18]壹半折，合共熟谷叁拾伍挑，哄那沟[19]土左右各壹幅，土地边土共贰台，弄更然下半折土叁台，哄更[20]土共两处，各壹幅，坝丁[21]土壹幅，本寨韦老六当送更乱其[22]土壹幅。

尚有国兴屋基，现与弟兄四人，每人愿捐袁光壹拾元购买，再有墓化土壹幅，未曾勘明，日后仍以四股均分，勿得异议，另有靛塘两口，长子次子共壹口，三子四子共壹口，又有弄更然杉树壹小林，日后有用，汝等弟兄再为斟酌应用，轮流每人壹根。

又有三子四子日后倘另外起造，规定园圃、屋基、老房子，共合议价袁光壹佰贰拾元，若受原则者，退出陆拾元，以作补助新造。

亲族中人　陈万清　韦国昌
父老证明人　王学开　吴光田　吴卜分　鄂云支
依口代书人　杨吉轩
民国四十年（一九五一年）农历正月晦日　父　正明　遗嘱字实具

【注释】

[1] 犹华，yah ruax[jɑ33 zuɑ31]，寨名。
[2] 纳更，naz genz[nɑ11 kɯn11]，田名。
[3] 更然，genz raanz[kɯn11 zɑːn11]，地名。
[4] 哄耕，hongc genz[xoŋ53 kɯn11]，地名。
[5] 弄林，ndongl linz[ʔdoŋ24 lin11]，地名。
[6] 过怀劳，gogt faix laaux[kok35 fɑi31 lɑːu31]，地名，大树脚下的意思。
[7] 耙交，bas jaus[pɑ35 tɕɑu35]，地名，下文同。
[8] 纳倘亥，naz dangc haail[nɑ11 tɑŋ53 xɑːi24]，田名。
[9] 更然，genz raanz[kɯn11 zɑːn11]，地名，房子上面的意思，下文同。
[10] 巧求，jauc jeeuz[tɕɑu35 tɕeːu11]，地名，桥头的意思。
[11] 弄更然牺衣来，ndongl genz raanz yih laix[ʔdoŋ24 kɯn11 zɑːn11 ji33 lɑi31]，地名。
[12] 哄劳，hongc laaux[xoŋ53 lɑːu31]，地名。
[13] 岜暗，bas ngaamz[pɑ35 ŋɑːm11]，丫口之意，地名。
[14] 弄林拉纳暗，弄林，ndongl linz[ʔdoŋ24 lin11]；拉纳暗，lac naz ngaamz[lɑ53 nɑ11 ŋɑːm11]，地名。
[15] 更墓，genz mbos[kɯn11 ʔpo35]，地名。
[16] 衣拉主，rih lac jos[zi33 la53 tɕo35]，土名。
[17] 过若，gogt romz[kok35 zom11]，土名。
[18] 纳假，naz jac[nɑ11 tɕɑ53]，田名。
[19] 哄那沟，hongc nazgungx[xoŋ53 nɑ11kuŋ31]，田名。
[20] 哄更，hongc genz[xoŋ53 kɯn11]，地名。
[21] 坝丁，bas dingh[pɑ35 tiːŋ33]，地名。
[22] 更乱其，genz ronl jeex[kɯ11 zon24 tɕe31] 地名。

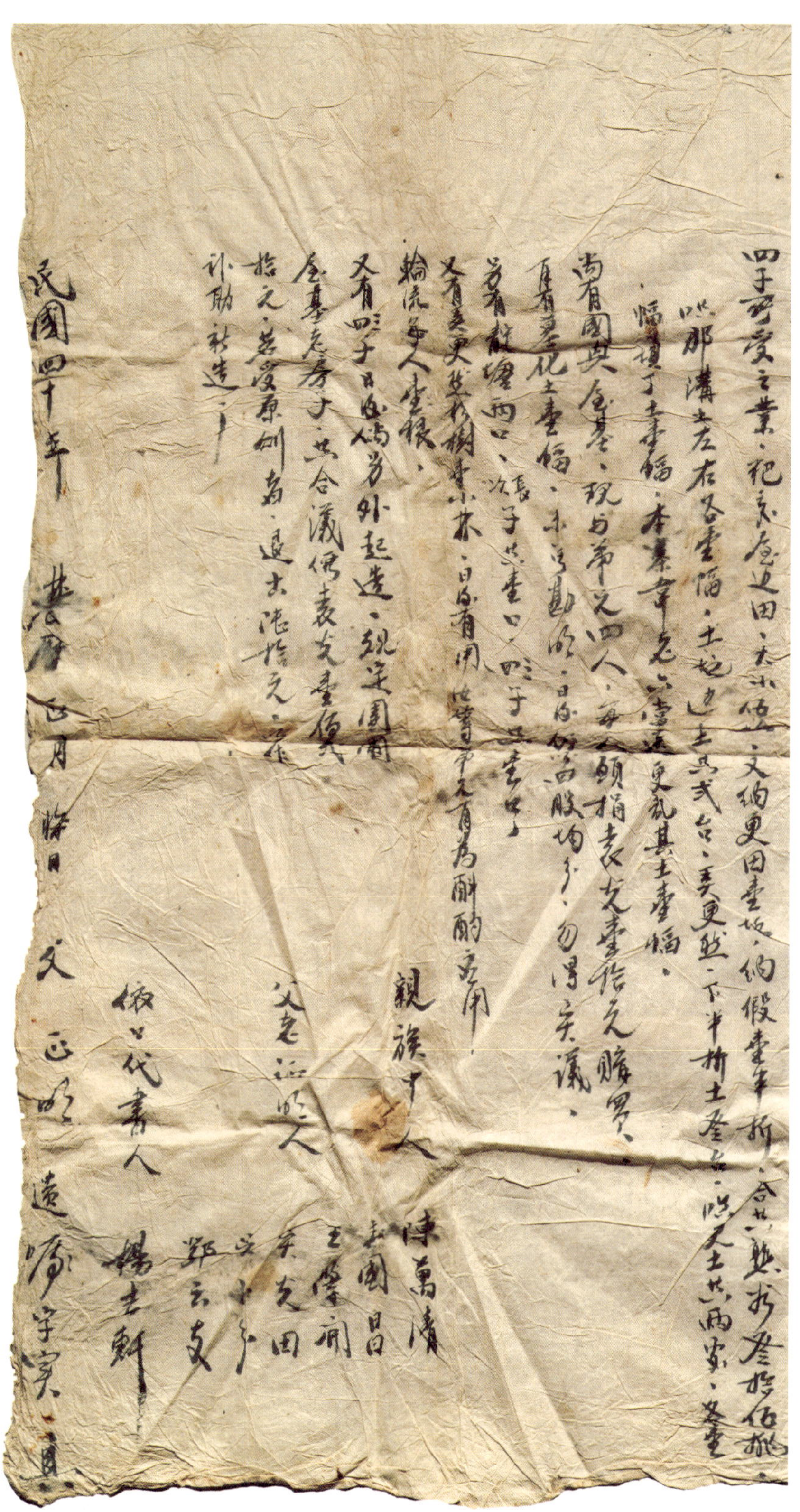

四子所受之业：耙衣庵边田，大小伍丘，又纳更田壹坵，纳假壹半折，合共一丘，折叁拾伍挑，
以那沟左右各壹幅，土地边土共贰台，又更毁一下半折土叁台，以上土共两处，各壹
幅。填丁土壹幅，本寨常屯当更乱其土壹幅。
尚有园与仓屋，现与弟兄四人，每人领相表交壹格之腾买，
尚有更化土壹幅，亦由勘明，日后所有股均分，勿得异议。
另有猪圈两口，长次子共壹口，四三子共壹口。
又有更更女杉树壹小林，日后有用，由弟兄有为酬酌之用。
轮流每人壹根，
又有四三子日后偶另外起造，就定园圃
仓基老房子，共合议俗表交壹领
拾元，若受原划为，退出除指之，余
补助新造。

亲族中人　陈万清　秦国昌　王学荊　罗文田　安[illegible]广　郑云支

父老证明人

依口代书人　杨吉轩

民国四十年　共历　正月　吉日　父　正明　遗嘱字实据

72.罗树芝断卖荒山熟土契（公元一九五一年二月初七日）

立出永远断卖荒山熟土文契人纳村仙[1]罗树芝，为因无银需用，只得父子商议，愿将祖父遗留之业，座（坐）落地名唤过朝[2]土壹副，上抵冉姓之田为界，下抵齐沟，右抵鄂姓之土为界，左抵韦姓之业为界，脚踏手指，四处分明，而先问房族，后问抵当，无人领受，自请房族凭中人等上门，立断卖与由腊[3]寨韦卜银春[4]名下。即日当凭受过为业，断价滇洋拾贰个半元。当凭笔下交清，无少欠分文。自断之后，任由买主子子孙孙永远管业，世代子孙。日后卖主子子孙孙虽如石、山之富，有银不敢取赎，无银不能加补，而又后日开出黄金白玉，皆买主之命，寸草一木不留，并又无人来争论再等情，系有卖主一力负全责任。此是二比心甘意愿。今恐口不凭，人心不一，故立断卖字壹纸为据存照。

中加四字
凭中过付人　韦国昌　受滇洋　壹个押
画字人　罗卜柱　受滇洋　一枚押
亲自代笔　罗德显押
民国四十年（一九五一年）二月初七日　立断卖字实

【注释】

[1] 纳村仙，此处为笔误，应为“纳仙”，naz sianl[nɑ^{11} siːn^{24}]，寨名。

[2] 过朝，gogt xaauz[kok^{35} ɕɑːu^{11}]，地名。

[3] 由腊，yah ruax[jɑ^{33} zuɑ^{31}]，寨名。

[4] 卜银春，boh yingx cunh[po^{33} jiːŋ^{31} sun^{33}]，下文卜柱，boh jul[po^{33} tɕu^{24}]，均人名。

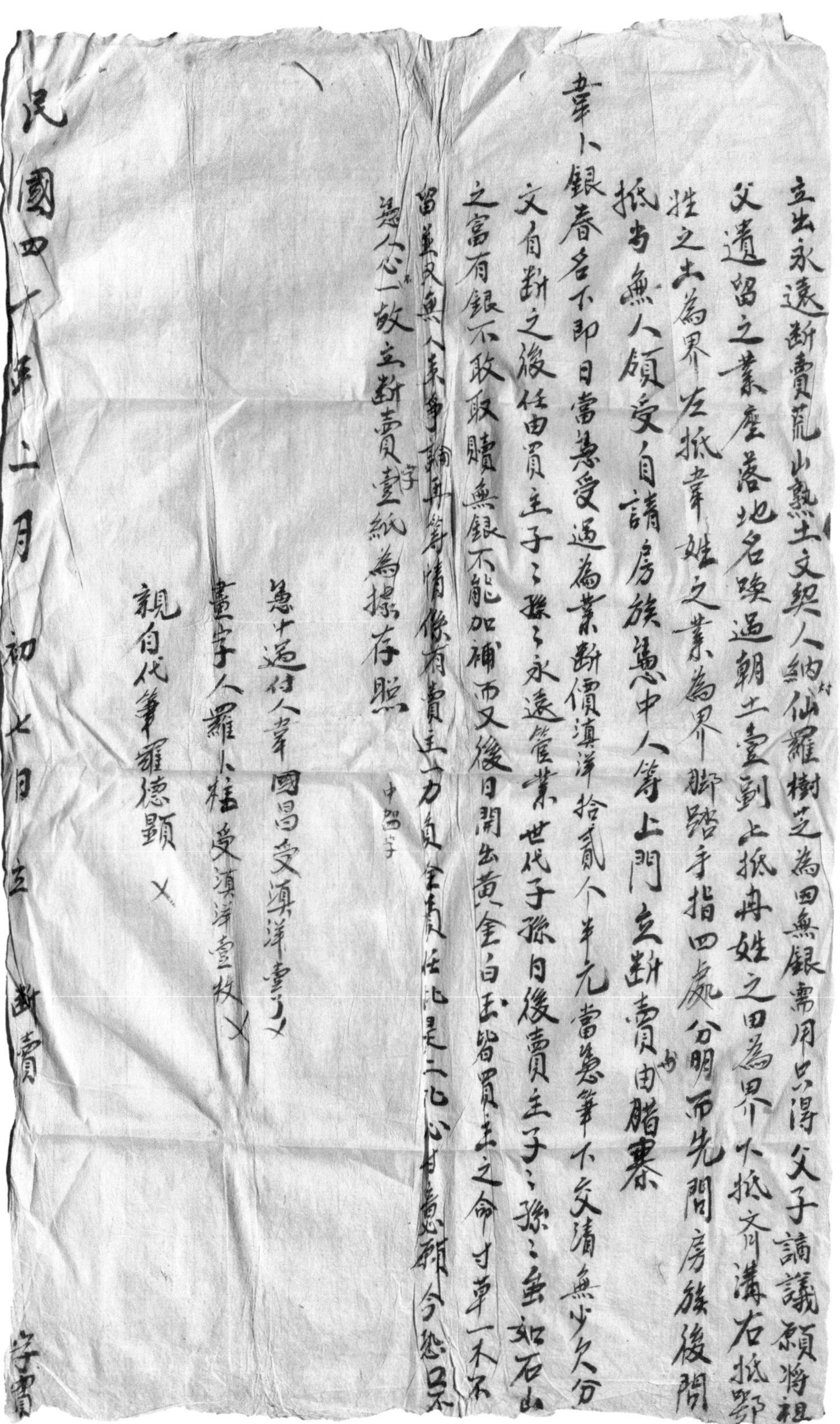

立出永遠斷賣荒山熟土文契人納村仙羅樹芝為因無銀需用只得父子謫議願將祖
父遺留之業座落地名喚過朝土壹丘上抵冉姓之田為界下抵文冲溝右抵鄧
姓之土為界左抵韋姓之業為界腳踏手指四處分明而先問房族後問
抵当無人領受自請房族憑中人等上門立斷賣由臘寨
韋卜銀春名下即日當憑受過為業斷價滇洋拾貳个半元當憑筆下交清無少欠分
文自斷之後任由買主子子孫孫永遠管業世代子孫自後賣主子子孫孫雖如石山
之富有銀不敢取贖無銀不能加補而又後日開出黃金白玉皆買主之命寸草一木不
留並及無人來爭論異等情倘有賣主一力負全責任此是二比心甘意願今恐口不
憑人心不古故立斷賣字壹紙為據存照

中留字

憑中過付人韋國昌受滇洋壹元 X
畫字人羅卜桂受滇洋壹枚 X
親自代筆羅德顕 X

民國四十年二月初七日立斷賣字

73.班阿九当田契（民国三十二年四月初六日）

立出当田文契人纳样[1]寨班阿九，为因鳏居，欲寻配偶，只得兄弟商议，就将祖父遗下之业，座（坐）落地名唤纳凹[2]田，大小参（叁）丘，谷种四斤，先问房族承领，自请凭中上门，立当与本寨家族班玉振名下，即日为业，当凭授过当价国币壹仟陆佰元正整，其亲手接明归家应用，并无少欠分厘。其田自当之后，恁（任）从买主下田耕种，收租作利，其田不拘远近，银到田归。二比心肝（甘）意愿，并不反悔异言，倘有等情，系有凭中人乙力承耽（担）。恐后无凭，特立当字一纸为据。

凭中人　班卜永　班向华　受国币伍元

代字人　骆起堃　受国币伍元

民国三十二年四月初六日　立

【注释】

[1] 纳样，naz qyaangl[nɑ^{11} ʔjɑːŋ^{24}]，寨名。

[2] 纳凹，naz ngaauh[nɑ^{11} ŋɑːu^{11}]，地名。

立出當田文契人約榛寨班阿九為因鰥居欲尋配偶只得兄弟商議就將祖父遺下之業座落

地名嗔納凹田大小叁坵穀種四斤先向房族承領自請憑中上门立當與

本寨家族班玉振名下承田為業當憑授過當價國幣壹仟陸佰元正整其親手接明歸家

應用并無少欠分厘其田自當之後憑從買主下田耕種收租作利其田不拘遠近銀到

田歸二比心肝意願並不反悔異言倘有等情係有憑中人一力承耽恐後無憑

特立當字一紙為據

憑中人班卜永 向華 受國幣伍元

代字人駱起堃 受國幣伍元

民國三十二年四月初六日 立

74. 韦国丰当私田契（民国三十三年十二月初六日）

立出当私田文契人油腊[1]寨韦国丰，为因慈母归仙，负账急迫，勿（无）处出办，只得弟兄商议，愿将祖父遗下私业，座（坐）洛（落）地名唤章通[2]田，大小两丘，谷种四斤，情愿请凭中人上门，立□当……陈公正□名下，是当凭议定价……肆拾伍元整，其银当凭笔下交清，不能少欠分文。自当之后，任从银……到田耕［种］，［收］租作利，座当叁春已满，银到归赎，两无异矣。今恐口无凭，人心不古，故立当字乙纸付与为炳（凭）。

凭中人　韦国昌　受小钱国币壹百元

代字人　王学开　受小钱国币壹百元

民国三十三年腊月初六日　立当实

外批于民国三十四年三月初十，所有原契国丰上门加补此田袁光银壹拾元正。当凭议定，前后共当六春满，银到归赎，两勿异言矣。　中人代笔人

【注释】

[1] 油腊，yah ruax[jɑ^{33} zuɑ^{31}]，寨名。

[2] 章通，jaangh dongh[tɕɑːŋ^{33} toŋ^{33}]，地名。

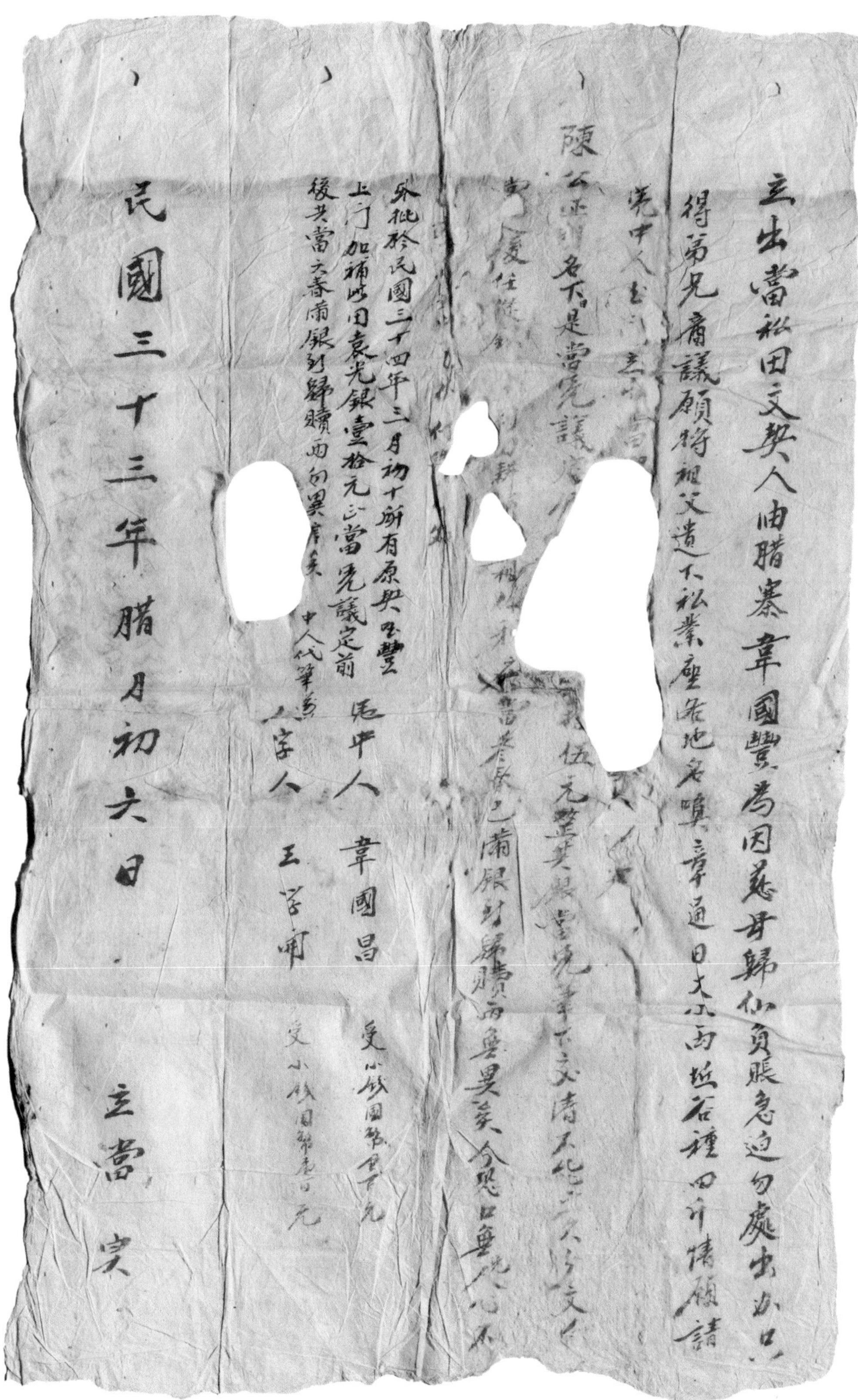

立出當私田文契人由腊寨韋國豐爲因慈母歸仙負賬急迫無處出辦，
得弟兄商議願將祖父遺下私業座落地名喚韋通日大小兩坵谷種四斤情願請
憑中人上門立[illegible]當[illegible]伍元整其銀當憑中手下文清不欠分文
陳公正[illegible]名下□是當憑議定[illegible]
當[illegible]後任從[illegible]當差[illegible]滿限對歸贖兩無異言今恐口無憑立此不

外批於民國三十四年三月初十所有原契□豐上門加補□田袁光銀壹拾元正當憑議定前後共當大春兩銀對歸贖兩向異言矣 中人代筆

憑中人 韋國昌

代字人 王[illegible]甫

受小錢[illegible]元

受小錢[illegible]元

民國三十三年臘月初六日 立當 實

75.杨通权当荒山熟土契（民国三十年四月初十日）

立出当荒山熟土文契人弄林[1]寨杨通权，为因父亲归仙无银做丧，只得母子商议，愿将祖父遗下之业，座（坐）落地名唤拉连[2]土壹幅，上抵杨姓之业为界，下齐路，左抵陈姓之土为界，右抵杨姓之业为界，当主到土，脚踏手指，四处分明，自愿请凭中上门，立出当字与油腊寨韦国盛名下。是日，承受过当价洋银陆拾个中元正，其银当凭笔下交清，并勿（无）尾欠分文。自当之后，任从银主耕种，收花作利，此土限至八春以满，银到归赎，两无措劝。二比心甘意愿，并勿（无）反悔异言。今恐口不凭，人心不古，故立当字壹纸为炳（柄）存照。

房族凭中人　杨景山　受小钱法币壹元

凭中人过付　韦卜品期　受小钱法币乙元

依口代字人　王学开　受小钱法币乙元

民国卅年四月初十日　立当字实

【注释】

[1] 弄林，ndongl linz[ʔdoŋ^{24} lin^{11}]，寨名。

[2] 拉连，lac lianz[lɑ^{53} liːn^{11}]，地名。

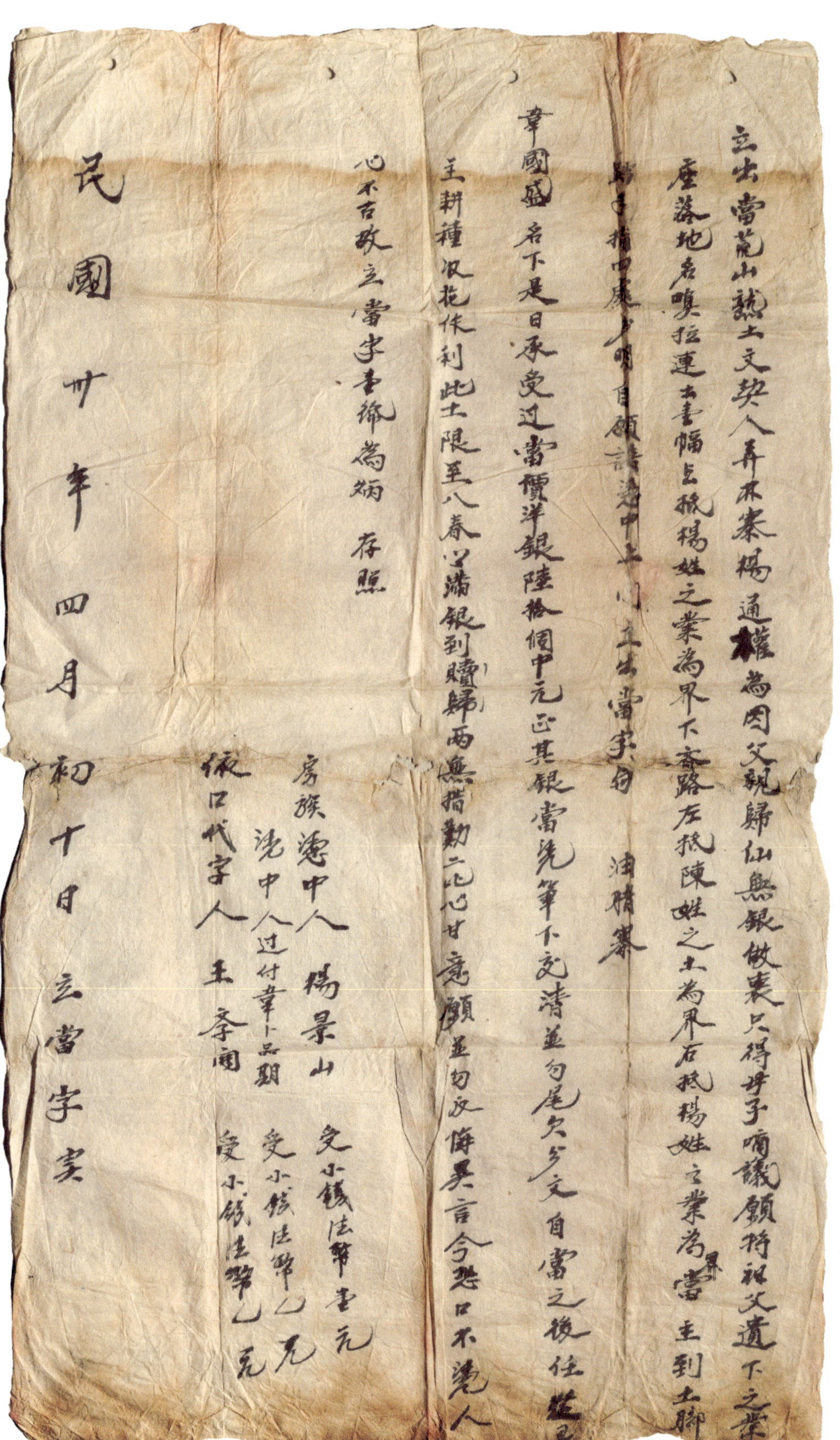

立出當荒山熟土文契人弄林寨楊通權為因父親歸仙無銀做喪只得母子商議願將祖父遺下之業壹落地名嗅拉運土壹幅上抵楊姓之業為界下齊路左抵陳姓之土為界右抵楊姓之業為界當主到土腳踏看指四處分明自願請憑中上門立出當字與 油腊寨韋國盛名下是日承受過當價洋銀陸拾個中元正其銀當憑筆下交清並無尾欠分文自當之後任從己主耕種收花作利此土限至八春以滿銀到贖歸兩無措勒二比心甘意願並無反悔異言今恐口不憑人心不古故立當字壹紙為炳存照

房族憑中人 楊景山 受小錢法幣壹元

憑中人過付韋卜品朝 受小錢法幣乙元

依口代字人 王季南 受小錢法幣乙元

民國卅年四月初十日 立當字實

76.吴光品断卖私水田契（公元一九五〇年三月二十八日）

立永远断卖私水田文契人异木寨吴光品为因 [1]

立永远断卖私水田文契人油腊 [2] 寨吴光品，为因移宅他方，难来耕种，只得夫妻商议，愿将祖父遗下之私业，坐落地名唤新田边，大小壹丘，出谷拾贰挑，上抵韦姓田坎为界，下抵吴杨姓土为界，左右有坎为界，先问房族，无人领受。今请得凭中人上门说合，立断卖与本寨韦国胜名下，承受为业。是日，当凭授过田价洋银袁光玖拾伍圆正，其银当凭笔下交清，并无少欠分文。自断之后，任随买主下田耕种，收花作利，投税过割，万代子孙永远管业，虽其房族人等，虽如石崇之富，有银不敢取赎，无银不敢加补，犹如高山滚石永不回，水流东海永不归浪。二比心甘意愿，并无反悔异言。今恐口匆（无）凭，人心不古，故立断字乙纸为据。

房族凭中过付人　吴光田　受小滇洋贰枚
亲房族受画字人　吴光典　受小滇洋叁枚
依口代字人　吴光达　受小滇洋叁枚
当凭证中人　韦国昌　受小滇洋壹枚
民国三十九年（一九五〇年）三月廿八日　立字实

【注释】

[1] 重复原因不详，录文仍保留以备查考。

[2] 油腊，yah ruax[jɑ^{33} zuɑ^{31}]，寨名。

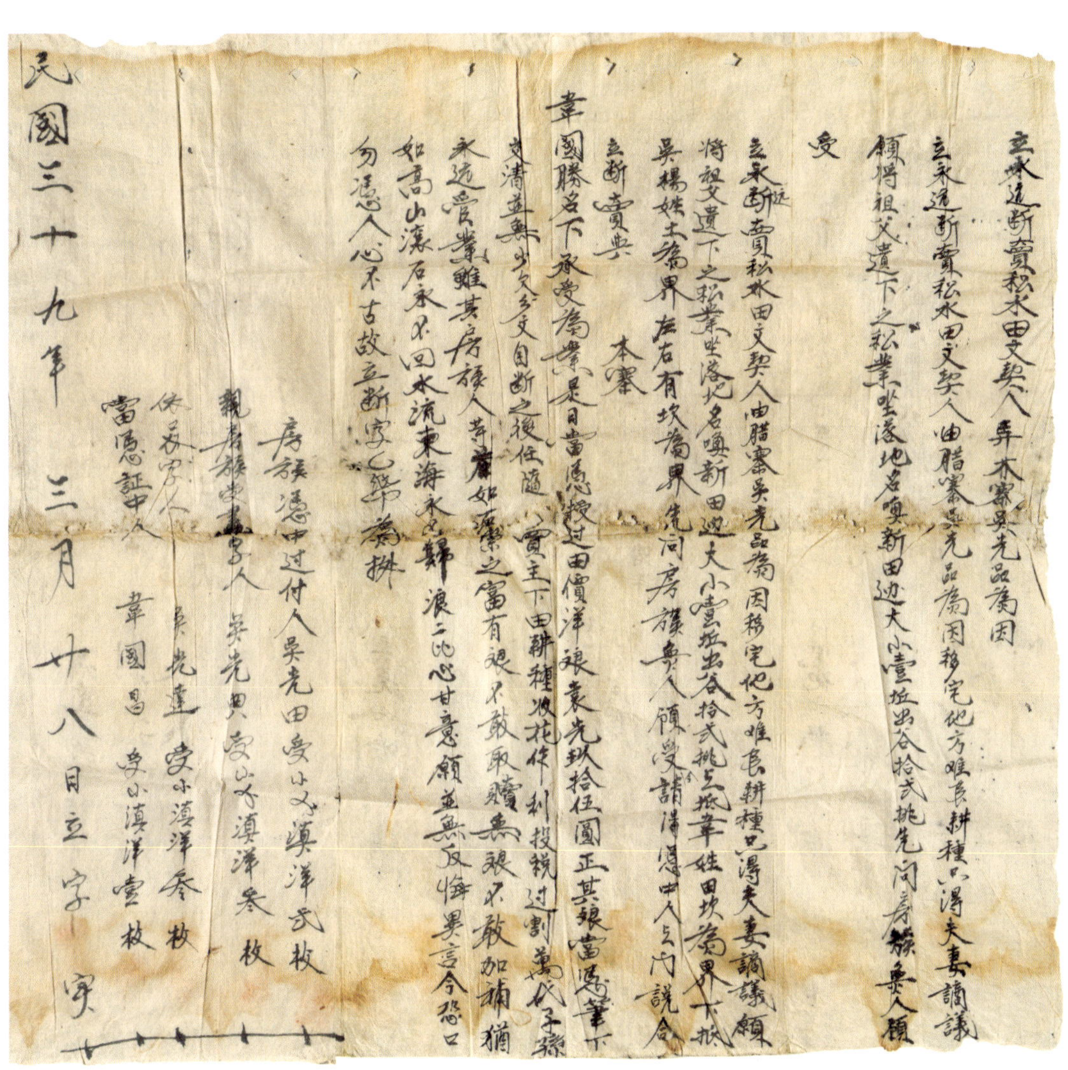

立永遠斷賣松木田文契人弄木寨吴光品爲因

立永遠斷賣松木田文契人由腊寨吴光品爲因移宅他方難以耕種只得夫妻商議

願將祖父遺下之松業坐落地名喚新田邊大小壹坵出谷拾式挑先問房族無人願

受

立永斷賣松木田文契人由腊寨吴光品爲因移宅他方難以耕種只得夫妻商議願

將祖父遺下之松業坐落地名喚新田邊大小壹坵出谷拾式挑上抵韋姓田坎爲界下抵

吴楊姓土爲界左右有坎爲界先問房族無人願受請得憑中人上門説合

立斷賣與　本寨

韋國勝名下承受爲業是日當憑授过田價洋銀袁光洋拾伍圓正其銀當憑筆下

交清並無少欠分文自斷之後任隨買主下田耕種收花作利投稅过割萬代子孫

永遠管業雖其房族人等[illegible]如[illegible]之富有退不敢取贖無銀不敢加補猶

如高山滾石永不回頭水流東海永不歸浪二比心甘意願並無反悔異言今恐口

無憑人心不古故立斷字乙紙爲據

房族憑中过付人吴光田受小洋武枚

親族代書字人吴光典受小洋叁枚

依口代字人吴光達受小洋叁枚

當憑証中人韋國昌受小洋壹枚

民國三十九年三月廿八日立字

77. 冉崇举、冉崇礼断卖私水田契（民国二十六年十二月初二日）

立出断卖私水田文契人地山寨冉崇举、冉崇礼弟兄二人，为因有事在身，无办设办，只得弟兄商议，就将祖□□流之业座（坐）落田名纳从[1]田，大小乙丘，上抵罗姓，下抵蒙姓，脚踏手指，四界分明，愿［请凭］证人上门，出卖与下大坪罗儒龙名下为业。三面议定，价值大洋肆拾块袁光整。当凭证清（亲）手领明应用，不得少欠分厘。自卖之后，任随买主上桩（庄）耕种，永远子孙官（管）业，欲如黄花坠地，永不覆（复）开；水流东海，永不回头，有力不敢取，无力不敢加。二比心干（甘）意愿，不得反悔异言，倘有反悔异言，有凭中于（一）力承耽（担）。今恐口无凭，立断卖字乙纸存照。

外批三字

凭中人　罗卜吉　受银三个中元押
房族人　冉孟华　受银贰半元押
化（画）字代笔人　冉瑞海　受银五个中元押
中华民国廿陆年腊月初二日　立卖字

【注释】

[1] 纳从，naz soongz[nɑ¹¹ soːŋ¹¹]，田名。这里有一个现象值得注意，地山寨冉氏本为汉族，但此契约文书中，田名依然用布依族之名，说明此地汉族受布依族文化影响较深。

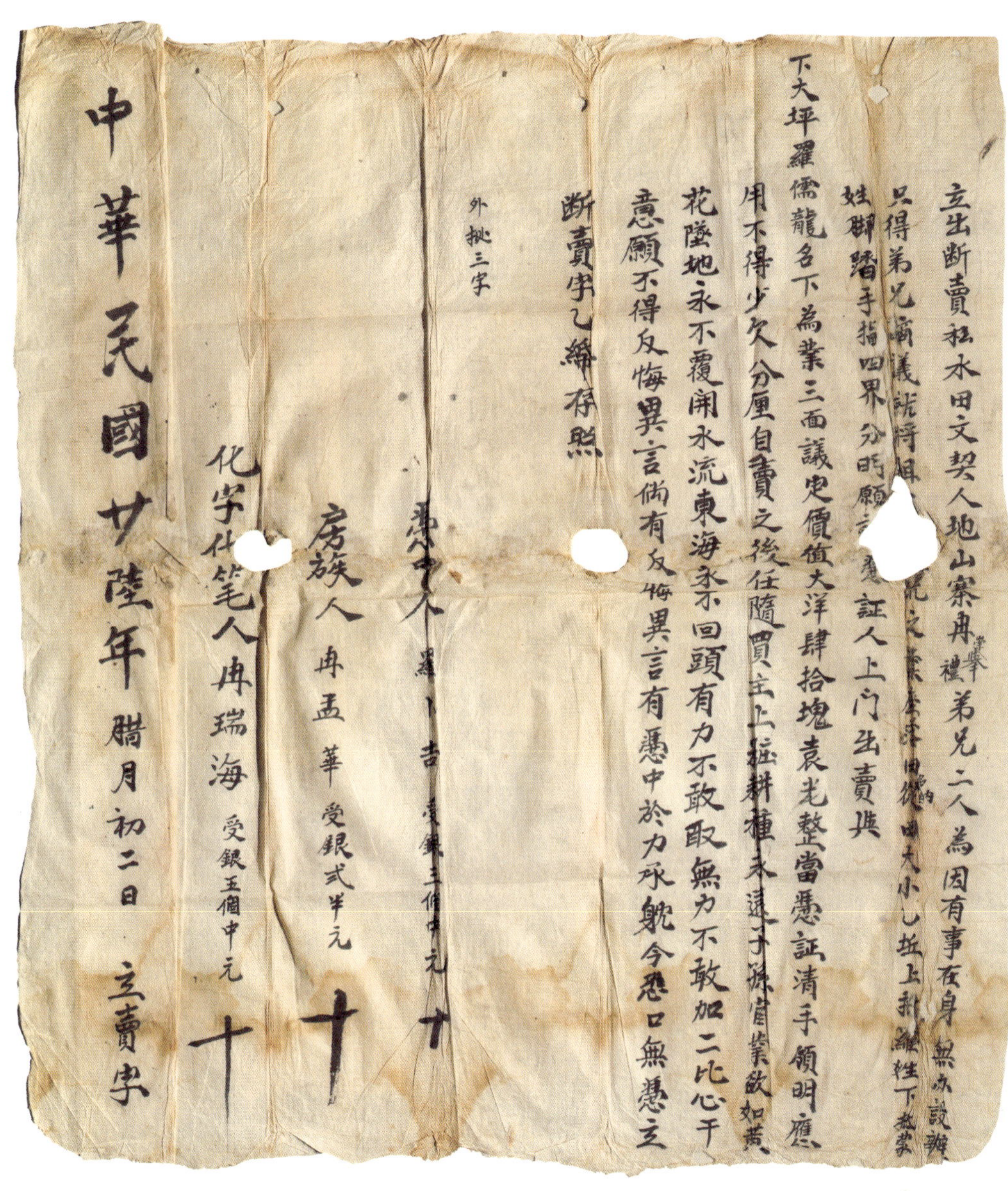

立出断賣杉木田文契人地山寨冉禮峯弟兄二人為因有事在身無亦設辦
只得弟兄商議就將祖[illegible]之業座落田從的田大小乙坵上抵□姓下抵婁
姓腳踏手指四界分明願[illegible]憑証人上门出賣與
下大坪羅儒龍名下為業三面議定價值大洋肆拾塊袁光整當憑証清手領明應
用不得少欠分厘自賣之後任隨買主上抵耕種永遠子孫管業欲如黄
花墜地永不覆閙水流東海永不回頭有力不敢取無力不敢加二比心干
意願不得反悔異言倘有反悔異言有憑中於力承就今恐口無憑立
断賣字乙紙存照

外批三字

憑中人 羅卜吉 受銀三個中元 十

房族人 冉孟華 受銀式半元 十

化字代笔人 冉瑞海 受銀五個中元 十

中華民國廿陸年 腊月初二日 立賣字

78.韦国丰断卖私水田契（民国三十四年十二月十六日）

立出永远断卖私水田文契人油腊[1]寨韦国丰，为因家下贫寒，负账急迫，无处出办，只得夫妻商议，愿将祖父遗下私业，座（坐）[落]地名唤纳江通[2]田，大小贰丘，计种叁斤，出谷陆挑，东抵王姓之田为界，南抵路，西抵陈姓，比（北）齐吴姓之业为界，卖主到田，脚踏手指，四处分明，先问房族，无人承受为业，即以自请凭中人上门，立出卖字与本寨韦国盛名下。是日当凭承受为业，议定价值大洋袁光银壹佰伍拾□贰元，连凭中代笔在内整。其银当凭笔下交清，并勿（无）尾欠分文。自卖之后，任从买主上庄耕种收粗（租）、投税过割，世代子孙永远管业，寸草乙木不留，犹如高山滚石，永不回头。卖主虽子孙有银不敢取赎，无银不能加补。自卖之后，族中人等，已在未在，不能前来争论多端，倘有此事情形，系有凭中人乙力承耽（担），不到买主干责之事。此系二比心甘意愿，并勿（无）返（反）悔异言。今恐口不凭，人心不古，故立永远断卖付以为据存照。

画字中人　韦甫殴　受小钱大洋贰圆押
当凭中人　韦国昌　受大洋壹圆押
　　　　　韦卜油　受大洋壹圆押
依口代字　王学开　受大洋壹圆押
民国卅四年腊月十六日　立字实

【注释】

[1] 油腊，yah ruax[jɑ³³ zuɑ³¹]，寨名。

[2] 江通，jaangh dongh[tɕɑːŋ³³ toŋ³³]，地名。

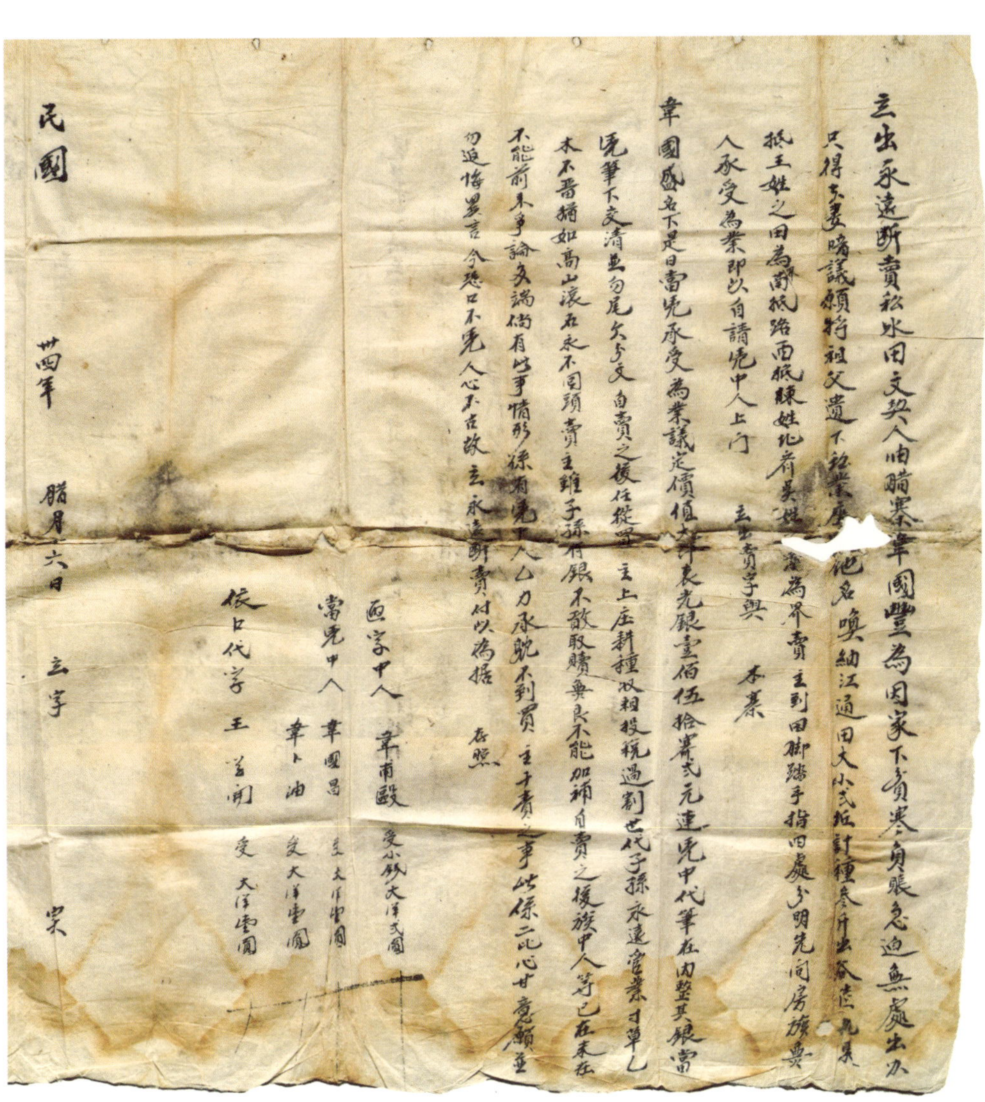
立出永遠斷賣秘水田文契人油腊寨韋國豐為因家下貧寒負賬急迫無處出办
只得夫妻啇議願將祖父遺下秘業座落地名嘆細江通田大小弍坵計種叁斤出谷[illegible]
抵王姓之田為界抵路西抵陳姓北抵吳姓田為界賣主到田踩手指田處分明先問房族無
人承受為業即以自請憑中人上門　立出賣字與　本寨
韋國盛名下是日當憑承受為業議定價值大洋表光銀壹佰伍拾[illegible]弍元連憑中代筆在內整其銀當
憑筆下交清並無尾欠分文　自賣之後任從買主上庄耕種收租投稅過割世代子孫永遠管業寸草己
木不畱猶如高山滾石永不回頭賣主雖子孫有銀不敢取贖無良不能加補自賣之後族中人等已在未在
不能前來爭論多端倘有此事情形係有憑中人上力承耽不到買主干責之事此係二比心甘意願並
勿追悔異言今恐口不憑人心不古故立永遠斷賣付以為据　存照

畫字中人　韋甫毆　受小錢大洋弍圓
當憑中人　韋國昌　受大洋壹圓
韋卜油　受大洋壹圓
依口代字　王[illegible]開　受大洋壹圓

民國卅四年腊月六日　立字　実

79.吴光品当私水田契（民国三十四年二月初二日）

立当私水田文契人油腊[1]寨吴光品，为因日食难度，只得夫妻商议，愿将祖父遗下之私业，坐落地名唤新田边，大小壹丘，出谷拾挑，情愿请凭中人上门说合，出当与永顺村堂妹弟韦国胜名下。是日当凭三面言定，受过田价洋银袁光肆拾伍元正。其银当笔下交清，并无少欠分文。自当之后，任随银主上庄耕种，收租作利，其田坐当三春以满，有银而准取赎。二比心甘意愿，不得返（反）悔异言。今恐口不凭，人心不古，故立当字乙纸为据。

房族凭中过付人　吴光典　受小钱国币壹佰元
依口代字人　吴光达　受小钱国币壹佰元
民国三十四年二月初二日　立字实

内批　民国三十六年所有原契，吴光品来加补此田大洋袁光贰拾伍圆正。其银前当后补共算合大洋袁光柒拾圆正。又汉（满）三春，日后取赎，照契收银，二比心甘意愿，不得异言，此据。

后凭中人亦是吴光典　代笔人亦是吴光达

【注释】

[1] 油腊，yah ruax[jɑ³³ zuɑ³¹]，寨名。

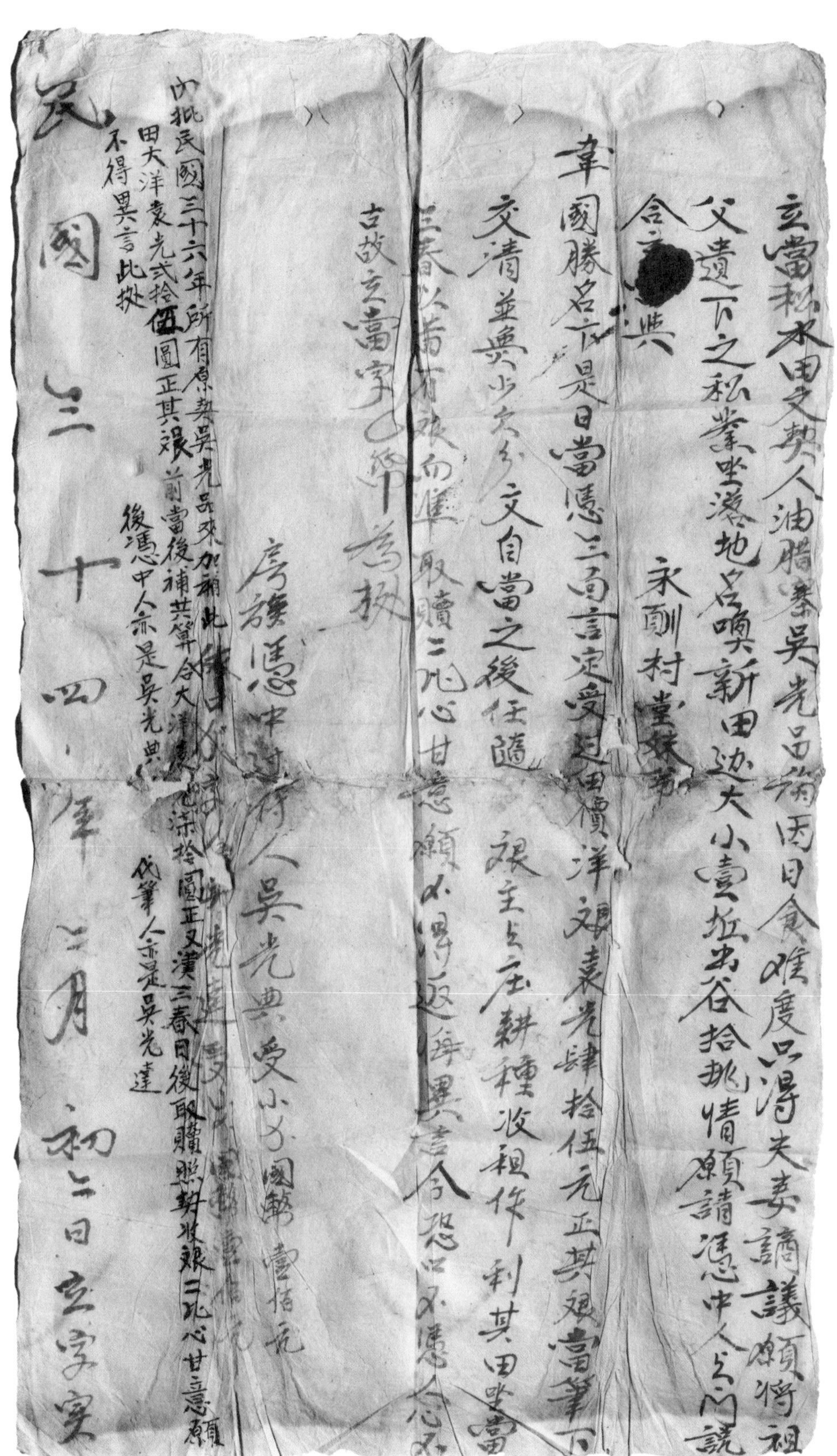

立當私水田字契人油腊寨吴光品為因日食难度只得夫妻商議願將祖
父遺下之私業坐落地名喚新田邊大小壹坵出谷拾挑情願請憑中人上門說
合與　　永剛村堂妹弟
韋國勝名下是日當憑三面言定受過田價洋銀袁光肆拾伍元正其銀當筆下
交清並無少欠分文自當之後任隨銀主上庄耕種收租作利其田當
三春以满有銀向準取贖二比心甘意願以得返悔異言今恐口無憑
古故立當字為據
房族憑中討字人吴光典受小子國幣壹佰元
内批民國三十六年所有原契吴光品來加補此[illegible]
田大洋袁光弍拾伍圓正其銀前當後補共算合大洋袁光柒拾圓正又滿三春日後取贖照契收銀二比心甘意願
不得異言此批
後憑中人亦是吴光典
代筆人亦是吴光達
民國三十四年三月初二日立字實

80. 班玉才断卖私水田契（民国三十二年十二月初二日）

立出断卖私水田文契人纳样[1]寨班玉才，为因无银急用，只得兄弟商议，祖父所有私业，座（坐）落田名唤那凹[2]，大小三丘，计种四斤，熟谷捌挑，上抵罗姓之田，下抵班姓之田，左抵坡为界，右抵路为界，其田经凭于中，脚踏手指，四界分明，而又先问房族，无人领受。只得请凭中人上门，立断［卖］与油腊寨韦国恩名下，即日当凭授过卖价法币捌仟元，其银当凭亲手领明应用，并无尾欠分厘。其田自卖之后，任从买主上田耕种，收租作利，世代子孙永远管业。日后卖主之子孙及房族人等，有钱不能取赎，无钱不能加补。此系心甘意愿，并无押逼卖与。今恐口无凭，人心不一，故立卖字乙纸为据存照。

房族凭中人　班卜永连　受画字二佰元押

班向华　班卜凤鸾　每人受法币伍拾元押

代字人　班向智　受法币伍拾元押

中华民国三十二年十二月初二日　立断卖字实押

【注释】

[1] 纳样，naz qyaangl[nɑ^{11} ʔjɑːŋ^{24}]，寨名。

[2] 那凹，naz ngaauh[nɑ^{11} ŋɑːu^{33}]，田名。

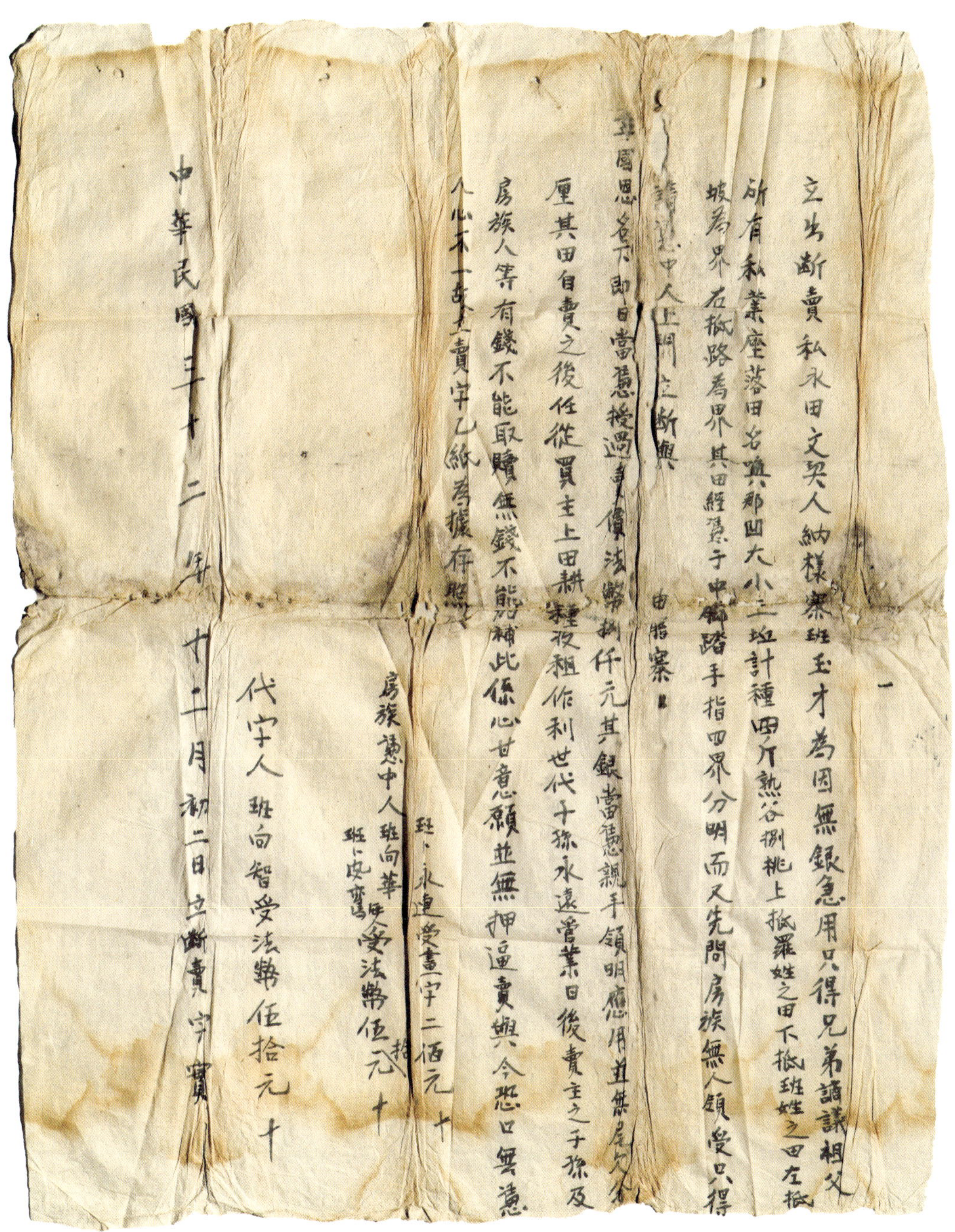

立出断賣私永田文契人納樣寨班玉才為因無銀急用只得兄弟請議祖父

所有私業座落田名喚那凹大小二坵計種四斤熟谷捌挑上抵羅姓之田下抵班姓之田左抵

坡為界右抵路為界其田經憑子中鄉踏手指四界分明而又先問房族無人領受只得

請憑中人上門立斷與　由腊寨

班國恩名下即日當憑授過賣價法幣捌仟元其銀當憑親手領明應用並無尾欠分

厘其田自賣之後任從買主上田耕種收租作利世代子孫永遠管業日後賣主之子孫及

房族人等有錢不能取贖無錢不能加補此係心甘意願並無押逼賣與今恐口無憑

人心不一立出賣字乙紙為據存照

班永連受畫字二佰元　十

房族憑中人班向華

班安鸞受法幣伍拾元　十

代字人班向智受法幣伍拾元　十

中華民國三十二年十二月初二日立斷賣字實

81.吴光明当私熟土契（民国二十九年正月二十九日）

立当私熟土文契人油腊[1]寨吴光明，为因小数多端，只得夫妻商议，愿将祖父遗下之私业，坐落地名唤岜谙[2]土壹幅，先问房族，无人取受。今情愿请凭中人上门说合，立当与本寨韦国盛名下，是日当凭三面言定，受付土价洋银叁拾个中元正，其银当凭笔下交清，并无少欠分文。自当之后，任随银主上庄耕种，收花作利，其土坐三春以满，有银而准取赎。二比心甘意愿，并［无］反悔异言。今恐口无凭，人心不古，故立当字乙纸为柄。

依口代笔人　吴光达

房族凭中人　吴光华

民国廿九年正月廿九日　立字实

【注释】

[1] 油腊，yah ruax[jɑ^{33} zuɑ^{31}]，寨名。

[2] 岜谙，byas ngaamz[pjɑ^{35} ŋɑːm^{11}]，地名。

立當私熟土文契人油腊寨吴光明為因小數乏端只得夫妻謫
議願將祖父遺下之私業坐落地名嗅邑讀土壹幅先問房族
無人取受今情願請憑中人上門説合立當與 本寨
韋國盛名下是日當憑三面言定受付土價洋銀叁拾圓中元正其銀
當憑筆下交清並無少欠分文自當之後任隨 銀主上庄耕
種波花作利其土坐三惠以滿有銀向準取贖二比心甘意願無
反悔異言今恐口無憑人心不古故立當字乙紙為柄

依口代筆人吴先建

房族憑中人吴先華

民國廿九年五月廿九日立 實

82. 韦国兴当土契（公元一九五〇年七月十日）

立出当土契字人油腊[1]寨韦国兴，因迁居望谟，需用繁多，特将土一幅，当面严父兄等，当与国盛二兄，相议成滇洋贰拾伍个整，即当银字两交，了清手续。土名哄更[2]，东抵韦姓，西抵吴姓，南抵韦姓，北抵吴姓之土，四至分明，定以捌年为期，期满任凭取转，复耕使用。恐后子辈等有何意见，故立此据为柄。押

当凭人大兄　韦国恩　亲笔不代印章

［中］华民国三十九年（一九五〇年）柒月十日　立字是实

【注释】

[1] 油腊，yah ruax[jɑ^{33} zuɑ^{31}]，寨名。

[2] 哄更，hongc genz[zoŋ^{53} kɯn^{11}]，土名。

立出當土契字人油腊寨韋國興因遷居望謨需用整多特將土一幅當面憑
父兄等當与
國盈二兄相議成領洋弍拾伍佃整正卽當價銀字兩交訖清手續土名吠更東抵
韋姓西抵吳姓南抵韋姓北抵吳姓之土四至分明定以捌年為期期滿任憑
取轉復耕使用恐後子輩等有何意見故立此據
為柄口二

當憑人大兄韋旺恩
親筆不代

中華民國三十九年柒月十日
立字是實

纳交寨鄂建庭家藏文书

83.骆公见、骆公阿汉断卖屋基契（民国十四年正月十一日）

立出永远断卖屋基文契人那交[1]寨骆公见、子名阿汉父子二人，为因家下贫寒，无银无处出办，只得父子商议，自愿将祖父所遗下之私业，坐落地名唤那盘[2]屋基壹台，上抵罗姓有坎，下抵路有坎，左齐买主之屋基，右齐路上去。脚踏手指，边界端明，先通房族，无人承领。亲自请凭中房族人上门，出卖与同寨鄂玉堂名下，永远为业。是日当凭于中，得受过断卖屋基价值铜钱七斤整，骆姓其亲手接明应用，并无货物准折。自断卖之后，认（任）随钱买主投税过割，世代子孙永远管业，红土沙土、寸草一木不留，犹如高山滚石永不回头。日后买主搬入基修房大厦，虽有子孙命吉，虽有石崇之富，去后骆姓有力不能取赎，无钱不能加补，已在未在，再不得前来争论多端，倘有等情，不干买主之事。今恐口无凭，特立此断卖屋基文契乙张纸存照为据。

天长地久

房族画字人　骆卜群　受钱半斤押

当凭中证人　罗登连　受钱四两押

依口代字人　罗启连　受钱半斤押

中华民国十四年正月十一日　立卖字　骆公见　阿汉押

【注释】

[1] 那交，naz jaus[nɑ^{11} tɕɑu^{35}]，寨名。

[2] 那盘，naz baanz[nɑ^{11} pɑːn^{11}]，寨名。

天長 地久

立出永遠斷賣屋基文契人那交寨騄公見子名阿漢父子二人為因家下貧寒無艮
無處出办只得父子商議自願將祖父所遺下之私業坐落地名嗅那盤屋基壹塊
上抵羅姓有坎下抵路有坎左齊買主之屋基右齊路上去脚踏手指边界踹明先通房
族無人承頒親自請憑中房族人上門出賣與
同寨鄂玉堂名下永遠為業是日當憑中得受過斷賣屋基價值銅錢柒𠬛整出騄
姓其親手接明應用並無從貨物準折自斷賣之後認隨錢買主投税过割世
代子孫永遠管業紅土沙土寸草一木不畱猶如高山滾石永不回頭日後買主
搬入基修房大厦雖有子孫命書雖有石崇之富去後騄姓有力不能取贖
無錢不能加補已在未在再不得前來爭論多端倘有等情不干買主之
事今恐口無憑特立此斷賣屋基文契乙張付存照為據

房族盡字人騄卜群 受弍半斤
當憑中証人羅登連 受弍四用
依口代字人羅啟連 受弍半斤

中華民國十四年正月十一日 立賣字騄公見阿漢 十

84.鄂卜才当田字（民国三十四年四月初二日）

立出抵当字人纳交寨鄂卜才，为因无银买牛耕春，只得父子商议，就将祖父田座（坐）落田名唤过路[1]大燕（堰）坎上弟（第）贰连大田一丘作抵当，亲自请凭中上门，抵当与［大营］上田炳清名下，即日当凭出抵当价袁光陆拾元正。当三面言义（议）定，每年下田收谷陆挑，每挑陆拾斤，限至不枝远近，银到归赎，二比不得异言。今恐口无凭，立出抵当田付与为据存照。

凭中人　鄂玉堂

代笔人　鄂玉祥

民国三十四年四月初二日　立

【注释】

[1] 过路，即过路田，naz ronl raaih[$nɑ^{11}$ zon^{33} $zɑ:i^{33}$]，田名。

立出抵当字人納交寨鄂卜才爲因無銀買牛耕春只得父子商議
就將祖父田塞落田名嗅𡋽路大燕塊上第貳連大田壹坵作抵当
親自請凭中上門抵当與
名上田炳清名下即日当凭出抵当價㚒光陸拾元正当三面言義定每年
下田収谷陸挑每挑陸拾斤限至不枝遠近銀到歸贖二比不得異
言今口恐無凭立出抵当田付與清收存照

凭中人　鄂玉堂

代筆人　鄂玉祥

民國三十四年四月初二日　立

布依文认读指南①

在历史的长河中，布依族未能像彝族、藏族等兄弟民族一样形成自己的民族文字。明、清时期，受汉文化影响，布依文人借鉴“六书”造字法，创制了布依方块古文字。1956 年，国家借用拉丁字母，创制了现代布依文，并形成了《布依文方案（草案）》。1981 年，在修订 1956 年《布依文方案（草案）》的基础上，形成了《布依文方案修改草案》。1985 年，又修订形成《布依文方案（修订案）》（简称《修订案》）——也就是今天的布依文书写规范。《修订案》明确规定布依文以第一土语为基础，以规范的望谟县复兴镇话的读音为标准音。本“布依文书写符号系统”是在《修订案》的基础上整理而成的，旨在帮助母语为布依语的读者认读布依文，具体方法是结合其中所举的例字，了解各个声调、声母和韵母的发音方法，在实际中多次运用，掌握布依文。

音节结构

现行布依文是拼音文字，但是与汉语拼音不一样，这种拼音文字的调号用字母表示，标在音节后面。布依语的音节结构有四种类型，分别如下。

①声母 + 韵母 + 声调。如“nac（脸）”：

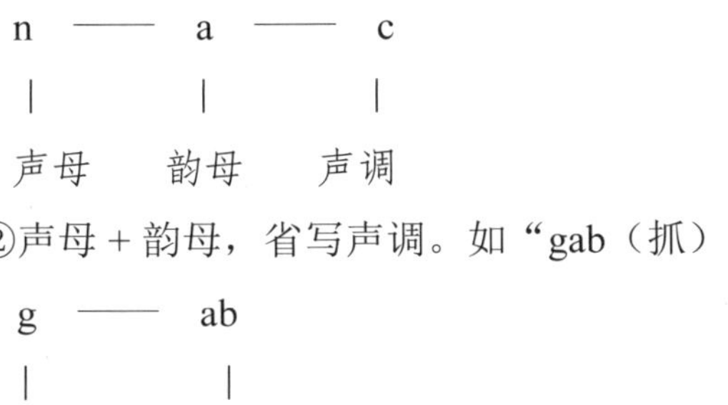

②声母 + 韵母，省写声调。如“gab（抓）”：

g —— ab

声母 韵母

---

① 本“指南”选自由黄荣昌、黄镇邦编译的 2015 年 12 月贵州人民出版社出版的《布依民歌荟萃——十二部古歌》一书。

③韵母＋声调，省写声母。如“aul（要）”：

au —— l
| |
韵母 声调

④韵母独立成音节。如“eng（嗯）”。

拼读方法

1. 声调

声调最基本的为6个舒声调，分别为 l、z、c、x、s、h。此外还有 2 个促声调，促声调发生在带塞音韵尾的音节。

第一至第六调“l、z、c、x、s、h”的读法可参照以下例字：

nal——厚

naz——水田

nac——脸

nax——舅舅

nas——箭

nah——水獭

第七调调号为“t”，第八调不标调号：

habt——关

hab——咬

radt——木耳

rad——剪下

magt——深紫色

mag——墨

部分语气词不标调。如：

leena——嘞呐

汉语借词的读音以布依语标准音点当地的汉语方言读音为准，同时对声母和韵母作适当的规范，[①]一般是普通话中的阴平、阳平、上声、去声，在布依文里相应的声调分别为 y、f、j、q。如：

---

① 布依语中原来没有的如“飞机”“政府”“电信”等词语，就直接运用汉语词汇，按照当地汉话的读音进行发音，这些词就是汉语借词。

拖拉——toylay

明白——minfbef

板眼——banjyanj

漂亮——piaoqliangq

但是，在贵州话中，普通话的许多阴平调的词，经常要读作相应的阳平调，如“黑”“说”就要标为“hef”，而不是“hey”。

2. 声母

声母一共有32个，分别为b、p、mb、m、f、w、d、nd、n、(sl)、l、g、k、h、(hr)、j、q、ny、x、y、z、c、s、r、by、my、qy、gv、ng、ngv、qv。除了mb、nd、ng、ny、by、my、qy、gv、ngv、qv之外，其他声母的发音方式和汉语拼音中的对应声母和a相拼一样。而k、q、z、c四个声母主要用于拼读汉语借词，(sl)(hr)两个声母是布依语第三土语区特有的，[①]mb、nd、ng、ny、by、my、qy、gv、ngv、qv的字例如下：

mb——mbas——肩膀

nda——ndas——骂

ng——ngaz——芽

ny——nyal——草

by——byal——鱼

my——myah——泥泞

qy——qyas——厉害

gv——gvaz——右边

ngv——ngvax——瓦

qva——qvax——傻瓜

3. 韵母[②]

韵母分单韵母和复韵母。单韵母有6个。复韵母有72个，其中包含32个带鼻音韵尾(-m、-n、-ng)的韵母和28个带塞音韵尾(-b、-d、-g)的韵母。这里以单韵母为基准进行分类。

---

① 布依语没有方言，只有土语的区别，分三个土语区。第一土语区包括黔西南大部、黔南南部和西南部，又称“黔南土语”。第二土语区以黔中为中心，包括黔南北部、西北部，贵阳市，安顺市北部、东北部，毕节市东部、东南部，又称“黔中土语”。第三土语区包括安顺市西北部和毕节市西南部，黔西南北部，又称“黔西土语”。

② 韵母中还包括汉语借词韵母，分别是ia、io、iao、ua、ui、uai、ao、ou、er，本文不再一一列举其例字。此外，ei、ie、ue三个复韵母可以用来拼写现代汉语借词，读本音。

（1）以单韵母 a 开头的韵母及其例字

a-

aai——maaic——喜欢

ai——maiz——热闹

aau——haaul——白色

au——haul——臭

ae——sael——干净

aam——ngaamz——叉

am——ngamz——努力

aan——haans——鹅

an——hans——咸

aang——mbaangl——稀疏

ang——mbangl——陶缸

aab——haab——盒子

ab——hab——咬

aad——baad——扳倒

ad——bad——菩萨

ag——lag——深

（2）以单韵母 o 开头的韵母及其例字[①]

o-

oi——oix——甘蔗

oom——ngoomh——大碗

om——gomh——盖上

oon——soonh——直的

on——sonh——支持

oong——boongs——灌肠

ong——xongs——松垮

oob——hoob——围

ob——gob——盖上

ood——xood——结束

od——god——搅动

① 单韵母 o 有时发 [o]，如 boh（父亲）；有时发 [ɔ]，如 bozrauz（我们）中的 boz。

og——rog——鸟

（3）以长元音 ee 开头的韵母及其例字[1]

ee-

eeu——leeux——完

eem——deeml——还要

een——deenh——床

eeng——deengl——是

eeb——reeb——糠

eed——beed——摆（桌）

eeg——reeg——细

（4）以单韵母 i 开头的复韵母及其例字

i-

iu——bius——没有

ie——xiez——黄牛

iam——xiamh——浸透

im——ximl——看

ian——dianl——（背后）议论

in——dinl——脚

iang——xiangl——节日

ing——xingl——牵

iab——diab——踩

ib——xib——十

iad——liad——血

id——lid——撤

ig——xigt——尺子

（5）以单韵母 u 开头的复韵母及其例字

u-

ue——gueh——做

uam——luamc——漂亮

um——lumc——像

① “ee”其实是一个单元音，用 2 个字母表示一个音，发音比 [e] 长，相当于 [e:]。在实际运用中，ee 有时还发 [ε]。

uan——duans——劝

un——guns——弥漫

uang——duangs——串

ung——xungs——枪

uab——duabt——瓣

ub——lubt——湿的

uad——nguad——季节

ud——gud——挖

ug——gugt——老虎

（6）以单韵母 e 开头的复韵母及其例字[1]

e-

ei——meil——熊猫

ea——beah——衣服

eam——feamx——阴暗

ean——beans——半斤

en——bens——喂

eang——geangx——巧手

eng——dengx——拐棍

eab——heabt——胆怯

eb——ebt——半掩（门）

ead——gead——挑

ed——bedt——肺

eg——deg——便宜

① e 的读法与汉语拼音 zi、ci、si 中的 i 相似，如：neh（思考）。

后　记

日前读《陆游家训》，对放翁先生所说“人未四十，未可著书；过四十又精力日衰，忽便衰老”印象极深，先生感叹四十岁之前，苦于没有著书的条件，而四十岁之后，又因身体原因，难有著书的精力。今年我正好四十岁，应该说是非常幸运的，从2010年开始着手收集整理翻译口传民歌到2021年，10年时间里，先后整理翻译出版《布依族民歌荟萃——大调民歌》《布依族民歌荟萃——小调情歌》2部，参与完成1部学术专著《布依族口传民歌文化述论》，主编“中国西南布依抄本文献丛刊”望谟卷10册。当然，这些成果的取得，离不开自己坚持不懈的努力，离不开自己始终如一的情怀，更主要的是离不开老师们的谆谆教导和朋友们的支持鼓励。

如今，这本《黔西南布依族文书》就要出版了。不得不说，缘分真的是一件十分奇妙的事情。本书从最初的启迪，到搜集整理点校，再到选题策划，最后到成书并出版印刷，每一步都与“缘”字息息相关。因此，我由衷地感谢感激感恩这些缘分。

我认为，对民族文化要怀有一颗敬畏之心；对家族留存的文化遗产，更要小心对待。说到本书，开篇第一份文书就是家族中的一位祖先——鄂汝淮公所代笔，其具体生卒年不详，但是他的传说故事，祖父生前常常说起。听说他善于代人书写各种诉状，并常代理官司（相当于现代社会的律师）。汝淮公所葬的坟地，就是他为人打赢官司，当事人因为没钱支付“代理费”，用一块土地来抵押。小时候，我一直不明白，为什么汝淮公的坟地要选在离寨子那么远的地方，足足要走2个小时的山路。直到有一天，祖父告诉我汝淮公的故事之后，才解开心中疑惑。汝淮公还有一个弟弟——汝河公，也是擅长于代人书写诉状，在我们当地可称名士。祖父说，汝河公能在吃饭的同时，于餐桌下用脚趾夹住毛笔书写“状纸”，一顿饭吃完，诉状也同步书写完成。故事难免有些夸张，但也说明汝河公才思敏捷。据说，望谟县王母土司有一次请他去代写诉状，到吃饭时间，因迟迟看不到汝河公来，大家都不敢开席，直到看见他骑马出东街[①]村口，王母土司才松一口气。可惜

① 东街，寨名，与王母土司所居之平绕寨紧邻。东街、平绕，现均为望谟县王母街道所辖。

汝河公英年早逝，无留存之笔迹。从族谱来看，汝淮公、汝河公是我高祖登高公的叔叔。除此外，本书84份文书中，还有5份是叔曾祖父玉祥公代笔，2份是祖父云斋公代笔，另有一部分文书是祖父交给我保存的。我很庆幸，能以这样特殊的方式来怀念家族先人，一方面整理点校民族文化古籍，另一方面梳理家族文脉。也就是在这样的过程中，对民族文化的敬畏之心油然而生。我于2005年7月大学毕业留在贵阳工作至今，已搬了4次家，但不论搬到哪里，祖父当年交我保存的文书，一直视为珍宝，小心存放、小心翻阅。如今二十多年过去了，每当夜深人静时，我常常打开这些契约文书，仰望先人手迹，激励自己，传承家族精神与风骨。如果说，本书的出版是一种缘分，那么我要感恩的是家族祖先所留存的这笔丰厚遗产，它让我在文化的浸润中成长。

本书的出版，感谢一次思想的启迪。2017年3月15日，因为马上就到一年一度的布依族传统节日——“三月三”，那天，我已确定不能回老家祭祀先人，便在微信朋友圈发布祖父代笔的契约文书，以怀念去世二十多年的祖父。朋友圈“晒”出后，得到师友们的点赞和评论，其中贵阳学院教授、硕士生导师、著名布依学专家周国茂先生和业师贵州民族大学教授、博士生导师陈玉平先生认为这些契约很有价值，嘱咐我要多搜集整理，并说这是一件很有意义的事情。于是，近年来我业余时间的一项主要工作就是和这些泛黄的契约文书打交道。一晃便是六年，几易其稿，岁月终不曾辜负。

本书的出版，感谢选题策划之缘。实话实说，最初我所掌握的也仅仅是三四十份文书而已，抱着试一试的想法，与贵州大学出版社的编辑葛静萍老师电话沟通，谈了我的想法。没想到，她很赞同，进一步促成本书进入出版程序。在整理点校和编辑排版的过程中，经过不断地探索和修改，才有了这本装帧精美的书。感谢葛静萍老师以及美编，是他们严谨务实和精益求精的工作态度，让本书或者说让布依族文化又一次完美地呈现给读者。

古人说：“经师易得，人师难求。”我很庆幸，在人生的每一个阶段，都遇上很多好的老师。在本书搜集整理点校的过程中，我先后得到周国茂先生、陈玉平先生和贵州省社会科学院研究员罗剑先生以及云南民族大学民族文化学院副院长、教授、博士生导师韦名应先生的悉心指导，在此表示诚挚的感谢。业师安顺市副市长、教授、博士汪文学先生在百忙之中欣然为本书作序，我备受鼓舞，汪老师的鞭策和鼓励，让我更加明白如何寻找生命存在的意义和价值，对未来的学术研究愈加充满信心，谨向汪老师致以崇高的敬意！

在本书整理点校的过程中，贵州省民族古籍整理办公室领导及同仁们求真务实的工作作风以及对民族古籍整理的责任感、使命感，对民族古籍、民族文化的关注和热爱，让我由衷敬佩。特别感谢杨小明先生和龙小金先生，在他们关心支持下，本书最终得以付印。当然，本书的出版，离不开老家寨上舅爹罗开展、堂伯父鄂建庭，油腊寨表兄陈波以及寨上罗朝思表弟的帮助，他们襟怀坦荡，毫不犹豫地拿出家藏文书，是本书成书的关键。还有贵州大学教授、博士、硕士生导师罗正副先生，贵州省博物馆副研究馆员、博士黄镇邦先生，大学班主任、贵州民族大学文学院副教授、知名诗人张思源先生，他们一直关心关注本书的出版，并提出很多宝贵的意见。在本书即将出版之际，一并向他们表示衷心的感谢，祝福好人一生平安。

人世间最温暖人心的，莫过于亲情了。这几年最大的成功是把儿子鄂腾骁带大，未来最重的任务是要把他教好。此刻，他睡着的样子十分可爱。本书的整理点校，一直有他的陪伴，无论是到老家开展田野调查，还是在书房里录文整理。尤其让我感到温暖的是：在为本书布依文加注国际音标的时候，他趁我不在书房，悄悄地在我誊抄的国际音标单子的背面写上“爸爸辛苦了！快乐、开心”。当我回到书房，第一眼看到这句话时，顿觉工作生活中的一切艰难困苦和学术研究的孤寂均已微不足道。这里，还要感谢这几年为家庭和生活奔波的妻子王玙婕，正因为有了她和儿子，我才体会到一个父亲的快乐和男人的责任担当。

夜深了，窗外细雨如丝。掩上书卷，忽然想起前段时间写的一首诗：“潇潇又是连夜雨，任它飘洒自风流。指上七弦弹日月，腹中半卷写春秋。”正好应景，我所能做的，也就仅此而已，希望无愧于先人，不负师长的期望，不负亲友的嘱托。

本书业已点校完毕，付梓在即，力有不逮，错谬的地方尚有很多，您的批评永远是我努力的方向和目标。

鄂启科　于贵阳观山湖畔五知斋

2021 年 10 月 22 日凌晨